企业家诚信研究

谭福河 著

ZHEJIANG UNIVERSITY PRESS
浙江大学出版社

图书在版编目（CIP）数据

企业家诚信研究/谭福河著. —杭州：浙江大学
出版社,2015.1
ISBN 978-7-308-14184-0

Ⅰ.①企… Ⅱ.①谭… Ⅲ.①企业家—信用—研究
Ⅳ.①F27

中国版本图书馆 CIP 数据核字(2014)第 295886 号

企业家诚信研究

谭福河　著

责任编辑　杜希武
封面设计　刘依群
出版发行　浙江大学出版社
　　　　　　（杭州市天目山路 148 号　邮政编码 310007）
　　　　　　（网址:http://www.zjupress.com）
排　　版　杭州金旭广告有限公司
印　　刷　浙江省良渚印刷厂
开　　本　710mm×1000mm　1/16
印　　张　12.5
字　　数　192 千
版 印 次　2015 年 1 月第 1 版　2015 年 1 月第 1 次印刷
书　　号　ISBN 978-7-308-14184-0
定　　价　39.00 元

序 非诚无以致信

"企业家诚信研究"是老师曾经布置给我的一个作业题目,虽然已经通过了考试,但却在自己心里留下了一个结。有些问题在当时并没有来得及思考,譬如"诚"与"信"之间的联系、诚信在不同社会形态下的涵义、企业家诚信的根由、企业家诚信治理的路径等等。本来这就是一个比较难以把握的题目,加之有这么多问题没有自己的认识,每次想起它来就有一种很不爽的感觉。正是因为这种纠结,所以虽然是没有什么计划,但总会在无意间想起这个题目,也会下意识的收集一些资料、整理一些想法。恰好今年暑假有时间,便将以往的点滴汇聚起来,形成这本册子。相比于这个宏大的题目,此处的表达真的不算什么,但对于我则是了却一桩心事,说来也就值得欣喜了。

"诚"与"信"在传统文化典籍中是分开表达的,分别表达了两个不同层面的意义,"诚"是沟通"天道"与"君子"的方式,具有比"信"更高层次的涵义。如今则习惯将两个字连起来使用,而重点则在于"信"。这是向市民社会进程的一种选择,因为"诚"所忠实的对象已经难以象宗法社会那样具有绝对性。之所以有如此多失信事件的发生,根源也许就出现在此处。没有了具有统率意义的"诚","信"就成为交易的工具,大有随行就市的模样。如果说这本书有一个核心思路,或许并不明显,那就是对于"非诚无以致信"的坚持。

内容分为9章,还有一片简短的附记。第1—5章是对相关概念及研究框架的考察分析,第6—7章分别尝试用实证研究方法和案例分析方法分析了企业家诚信的前因、纬度及结果,第8章是关于企业家诚信评价理路的分析,第9章就如何进行企业家诚信治理问题做了一些探讨。

宗法社会和市民社会均有可能形成诚信营商的形势,但产生的路径和价值取向有根本的不同。当下中国尚处于转型时期,传统宗法社会对商业的强势控制以及儒家伦理体系不复存在,市民社会结构也没有发展完善,如此就造成企业行为在操行与标准方面的失守,歧视、欺诈、虚假宣传、以次充好等失信行为大行其道。但时代的趋势是崇尚诚信的,无论是商业自身发展还是公共伦理期待,企业家诚信终究会有更好的未来。从我国的情况看,企业家诚信问题的根源并不在商业,而是在政治。是选择宗法社会形态下的模式或是市民社会形态下的模式,还是在其二者中间找到一种融合的模式,同样取决于政治改革的方向。

非常感谢刘刚同志每日启发我思考,感谢浙江大学出版社编辑老师的辛勤付出,感谢武汉理工大学谢科范老师给我布置的题目和专业引导;同时感谢广州番禺职业技术学院给了我进一步开展创业教育的机会,让我能更多关注企业家成长问题。

谭福河

2014 年 8 月 25 日

目　　录

第 1 章　传统诚信观

　　商业领域中失信败德的事件真是按倒葫芦起来瓢,一次次的震颤着人们的心灵。大家指责,谩骂,痛心疾首,如今似乎已经习惯性地接受了。上海福喜食品有限公司向麦当劳、必胜客等多家餐饮企业供应过期肉制品的事情尚在发酵,麦当劳、必胜客依然是顾客盈门。此前味千拉面的汤汁被曝光是调味料勾兑的,根本不是什么豚骨熬制的,在被上海工商局罚款 20 万元以后,大家还是照吃不误。

　　问题已经不仅仅是出现在产品质量方面,更值得忧虑的是人的信念。在提倡严明法纪与技术进步的同时,从传统文化中寻找解决之道成为"时髦"的选择。之所以称其为"时髦",是因为来自儒家或古代商帮的一些信条如同流行商品一样登堂入室。暂且不论这种做法是严谨或是附庸风雅,从历史传统中寻找答案毕竟是释疑解惑的路径之一。

　　如此则需要思考几个问题:

　　(1)传统中的诚信之道是在什么背景产生的?

　　(2)传统中的诚信是什么?

　　(3)传统中的诚信之于当下的意义何在?

1.1　传统诚信观的背景

　　正如吕思勉在其《中国通史》中所言:在中国,思想界的权威,无疑是儒家。儒家对于社会经济的发展,认识本不如法家的深刻,所以只主张平均地权,而忽视了资本的作用。若要更具体的理解"忽视了资本的作用"这几个字的含义,需要特别注意儒家诚信观立论的四个背景条件:其一是农业社会,其二是治与被治相对立的社会结构,其三是对君子与小人的双重标准,其四是掠夺胜于交易。

　　虽然从西汉开始商业有所发展,但中国古代向来坚持重农抑商,所有文化元素也因此有着深刻的农业社会的印记。① 对自然力量的敬畏直接体现在人们对"礼"的认识层面。在《春秋》中,除了对战争和政治争斗的记录之外,对祭祀活动的描述占有相当的比例,譬如,老鼠将祭祀用的牛角咬坏了②。所以,作为儒家行动指导的重要论述《中庸》强调"天命",将"性"列为礼教建立的基础,也就是"天命之谓性,率性之谓道,修道之谓教",所谓的中庸之道就是要"致中和",然后才能"天地位焉,万物育焉"。

　　儒家的思想深处蕴含着对人类"黄金时代"的向往,推崇五帝时代的贤德,将恢复周礼作为思想体系的基本导向。"年虽大杀,众不恇惧,则上之制礼也节矣"③,也就是说,年景不好的时候因为有礼的存在而不必担心祸乱。相比于孔子所处时代的战乱频仍、礼乐崩殂,这是多么令人心驰神往的社会啊。而"黄金时代"则是农业社会早期的状况,财产公有,人们之间不分彼此、通力合作。

　　社会群体被分为两类,一类是治人的,另一类则是治于人的,"礼"作为社会秩序的代表,其要实现的基本目标就是帮助治人者实现类似于"黄金时代"的社会和谐状态。因此,儒家学说对各类人群的社会角色及社会关系进行了清晰的界定,过了这个边界就是越礼。如果能"君义,臣行,父慈,子孝,兄爱,弟敬",社会就是和谐的,而"贱妨贵,少陵长,远间亲,新间旧,小加大,淫破义"则是六种典型的忤逆行为。④ 遵守纲纪礼法被认为是高尚的德操,而最根本的就是"孝弟",所谓"孝弟也者,其为仁之本也"。此处的"孝"不仅仅是孝顺父母,而是有更厚重的社会意义,最根本的一点就是要求人们保持对传统和权威的尊重与服从,就是要让"治于人者"乖乖的侍奉"治人者"。

　　"克己复礼"的思想同当初思想界怀念"黄金时代"的情怀有密切的联系,借助"孝"的概念,儒家思想的倡导者们得以建立回归过去的桥

---

　　① 美国批判社会学代表人物丹尼尔·贝尔将人类社会分为农业社会、工业社会和后工业社会三大阶段。贝尔认为新教伦理和清教精神是"农夫的、小城镇的、商人的和工匠的生活方式合成的世界观"。套用贝尔的表达方式,儒家伦理则是农民和士子的生活方式合成的世界观。这种世界观对应于贝尔所描述的农业社会。
　　② 《春秋·成公》篇记载"食郊牛角",郊祀为重祀,郊牛就是郊祀时祭祀天地的牛。
　　③ 出自《礼记·礼器》。
　　④ "六逆"与"六顺"的说法出自《左传》

梁。这一思想被历史上许多帝王利用于巩固其统治地位,因为在国人的心里面,先人与传统是具有特殊地位的。所以,在此社会结构下,诚信观念所体现的实际上是"忠"的意义,要通过"孝慈"实现"忠信",讲求的是"为人臣,止于敬"①。

　　既然社会上的人有"治人者"和"治于人者"之分,对不同人群的道德要求也就理所应当是有区别的,对以"君子"为代表的上层社会是一种要求,对以"小人"为代表的民众则是另外一种要求,也就是"君子喻于义,小人喻于利"②。"信"是非常重要的道德要求,在子贡问政于孔子的时候,孔子有舍兵弃食取信的言论③。但对一般的民众是没有过高的诚信要求的,因为"无恒产而有恒心者,惟士为能"④,在儒家思想体系中的"信"是体现下对上服从的"信"。"君抚小民以信"⑤,"上好信,则民莫敢不用情"⑥,维持社会秩序关键是要能让民众忠诚于"君子"或"大人",这就是"信"的意义,而不用要求民众像"君子"那样具有美好的德性。当然对民众而言,信是有很大利益的,所谓"宽则得众,信则人任焉"⑦,只有保持对上的"信",才能受到赏识,得到机会。对下层民众信的要求甚至有些愚民的色彩,"民可使由之,不可使知之"⑧,这无疑要求下对上的"信"是不能有所质疑的,更无需进行解释。

　　人如果不劳动就不能生存,如果没有联合,劳动也就没有什么效果,所以《荀子》说人不群则不能胜物。人能群并不是什么新鲜事,因为大自然中的很多动物都可以群居生活,人能群的特殊性在于"群而能分",而且"分而不争"。吕思勉在其《中国通史》中有这样的概括:

　　人类的联合,有两种方法:一种是无分彼此,通力合作,一种则分出彼此的界限来。既分出彼此的界限,而又要享受他人劳动的成果,那就

----

　　① 出自《大学·止于至善》
　　② 出自《论语·里仁》
　　③ 在《论语·颜渊》中记载了子贡与孔子的一段对话,当子贡问孔子治国之道的时候,孔子最初说是"足食,足兵,民信之矣",子贡继续请教,问:如果一定要有所取舍,三者谁最重要,孔子说:"自古皆有死,民无信则不立。"
　　④ 出自《孟子·梁惠王》
　　⑤ 出自《左传》
　　⑥ 出自《论语·颜渊》
　　⑦ 出自《论语·阳货》
　　⑧ 出自《论语·泰伯》

非于交易和掠夺两种途径选其一不可了。而在古代,掠夺的方法,且较交易为通行。

上对下的统治在传统思想里是合乎天理的,"礼"将上下有别的秩序固定下来。"上下交征利,国危矣。"①在传统思想体系中,基于利益交易而生成的社会秩序被认为是危险的。交易所赖以存续的市场关系在重农抑商的社会经济环境中也是难以有所发展的。而现代社会中的诚信观念是与交易行为相对应的,没有交易也就无所谓诚信。如此便可以清楚地发现,现代社会中的诚信在传统世界是缺少生存的根基的。

1.2   传统诚信观的内涵

在以上背景之下,儒家的诚信观为基于"天命"所产生的、以"礼"为核心的社会秩序提供了合理性辩护。其之所以产生、立论基点及社会功能同如今所谈及的诚信均有根本上的不同。在儒家的典籍中,"诚"与"信"的涵义有很大差异,而且无论是"诚"还是"信"都与大众日常的理解相去甚远。

对于"诚"的诠释出自《中庸》,"诚者,天之道也。诚之者,人之道也。诚者,不勉而中不思而得,从容中道,圣人也。诚之者,择善而固执者也。"其后儒家代表人物关于"诚"的解释沿用了《中庸》中的理路。也就是说,在儒家思想中,"诚"是"天之道",也就是客观真实。儒家是从认识论层面对这一概念进行解释的,而非伦理道德层面。对于什么是客观真实,儒家缺乏象近现代哲学家那样精细的剖析,但是从其所处的农业社会状态以及《中庸》开篇对"天命之谓性"的强调,"天之道"当是指自然的规律。儒家思想很少关注人类思想之外的事情,更注重"心"的修习,但不可否认的是这种思想体系默认有一种客观实在影响着人类社会的运行,这种力量是不能改变的,只能通过自我调适达到"天人合一"。如《中庸》所言:"惟天下至诚为能尽其性。能尽其性,则能尽人性。能尽人之性,则能尽物之性。能尽物之性,则可以赞天地之化育。可以赞天地之化育,则可以与天地参矣。"似乎这也是儒道释能最终走

---

① 出自《孟子·梁惠王》

到一起的一个重要根由，①同样也是儒家思想难以同工业资本主义思想难以深度融合的一个重要根由。② 所以，儒家思想里的"诚"实际上是与"真"具有同样的意义，是"物之终始"。

"信"则是属于道德层面的，其根本的意义是"忠"，"忠"的对象则是"义"，代表"义"的则是"礼"，"君子"与"大人"是"礼义"的代言人，因此也就成为"忠"的具体对象。

蔡仲专，郑伯患之，使其婿纠杀之。将享诸郊。雍姬知之，谓其母曰：父与夫孰亲？其母曰：人尽夫也，父一而已，胡可比也？遂告蔡仲曰：雍氏舍其室而将享于郊，吾惑之，以告。蔡仲杀雍纠，尸诸周氏之汪。

"大人者，言不必信，行不必果，惟义所在。"③《左传》中记载的这件事即表明儒家处理"信"这一问题的立场，即"信"的行为要合于"义"。如果不能坚守"义"，"信"是没有任何意义的，也就是"君子不亮，恶乎执？"④。"信近于义，言可复也。"⑤合乎于"义"的承诺是要践行的，不合乎于"义"的承诺是难以践行的，进一步讲就是说，失信行为不是缘于承诺本身，而是因为承诺不符合"义"的要求。⑥

"诚"与"信"都是对人社会行为提出的要求，"信"是对人与人之间关系的要求，而"诚"则是对"君子"修身的要求。如前文所讲，"诚"是"天之道"，是自然规律。所以君子的修为应将"至诚"作为沟通主观世界与客观世界的先决条件。"欲正其心者，先诚其意，欲诚其意者，先致其知，致知在格物。"⑦

---

① 儒家在自然力量面前尚选择守势，佛家和道家就直接退却了，但三者都不是积极的攻取。

② 马克斯·韦伯在其《新教伦理与资本主义》、《儒教与道教》中提出儒家思想与资本主义不相容的观点。在20世纪末，随着东亚几个国家的崛起，有人提出"儒家资本主义"，企图说明儒家思想是能与资本主义相融合的，目前关于这个命题尚有争论，有人认为这是一个伪命题。

③ 出自《孟子·离娄下》

④ 出自《孟子·告子下》

⑤ 出自《论语·学而》

⑥ 因为"义"的概念具有相对性，对不同的人或者不同的时期，"义"的涵义可能是不同的，如此，"信"便是一个颇为灵活的概念，因为只要对"义"的概念重新诠释，就可以建立一个新的关于"信"的概念。所以，传统文化中的"信"隐含着顽固的"背信弃义"的因子。

⑦ 出自《大学》

"苟有明信,涧溪沼沚之毛,可荐于鬼神","虽疏食菜羹,瓜祭,必齐如也",这两句话分别来自《左传》和《论语》,大概的意思是祭祀关键是诚心,祭品是其次的。两句话都形象的表明儒家所提倡的"诚"与"信"是要发自内心的,并不是权衡利弊后的结果。《大学·诚意》中也说"所谓诚其意者,毋自欺也,如恶恶臭,如好好色。"大概的意思就是,诚意要发乎内心,不要自己骗自己,要像讨厌臭味、喜欢美好的东西一样自然。这种观念体现出儒家思想对个人修为与社会伦理非常高的要求,就要保持内心与外部世界的一致性,要保持价值观在社会体系内部的一致性。这与当下只看结果不问初衷的理念是迥然不同的。《贞观政要》中有如下记载:

贞观初,有上书请去佞臣者,太宗谓曰:"朕之所任,皆以为贤,卿知佞者谁耶?"对曰:"臣居草泽,不知佞者,请陛下佯怒以试群臣,若能不畏雷霆,直言进谏,则是正人,顺情阿旨,则是佞人。"太宗谓封德彝曰:"流水清浊,在其源也。君者政源,人庶犹水,君自为诈,欲臣下行直,是犹源浊而望水清,理不可得。朕常以魏武帝多诡诈,深鄙其为人,如此,岂可堪为教令?"谓上书人曰:"朕欲使大信行于天下,不欲以诈道训俗,卿言虽善,朕所不取也。"

上书人对于鉴别佞臣与正人的谏言也是颇为聪明的,古往今来的管理者们也多有使用类似方法驾驭臣僚的。但正如唐太宗所言:"君自为诈,欲臣下行直,是犹源浊而望水清,理不可得。"儒家倡导的诚信观念演绎为行为的表现就如同唐太宗的做法,要保持自始至终的一致性。

综上,以儒家思想为代表的传统文化宣扬的诚信驻留在道的层次,对应于传统社会特定的经济形态、社会结构与民意期待。世易时移,当农业社会过渡到后工业化社会,传统诚信观赖以存续的社会基础已经不复存在,诚信虽然是当下中国所期待与刻意营建的,但人们心中能够接受的诚信观同历史上的诚信观是完全不同的。

1.3　启示

传统诚信观已经不合于今日的形势,但儒家对诚信体系的建构思路是值得借鉴的。

第一，重视"学"对于诚信的意义。

"不学问，无正义"，[①]儒家重视伦理道德，但在君子修行的路径上，却将"学"放在首要的环节，如果套用因果论的解释，儒家是将"德"视为果，将"学"视为因。"君子学以致其道"，[②]关于"学"与"道"的具体连接方式，《大学》首篇给出明确的回答："欲正其心者，先诚其意，欲诚其意者，先致其知，致知在格物。"

当代的教育相比于以往自然是有跨越式的发展，单从能够获得学习机会的人口规模这一点，历史上任何一个朝代都是无法相比的。但在"学"与"道"的关系上，我们这个时代处理的并不成功，甚至可以说很失败。高深的教育方面的理论自不必谈，单单审视一下从幼儿园到大学的德育类课程及其实现方式，伦理教育沦落到何种地步就可想而知了。作为体现社会良心的学界也是荒唐之极，学术成果按照数量估量其价值，然后赋予相关人等对应的职称待遇，逼得青年人全无心思专心学问，转而将美好年华投向钻营取巧的事情。既无"格物"的心情，又何谈什么"诚意"。

第二，对社会上层提出更高的道德要求。

前文已经提到，儒家对"君子"和"小人"的道德要求是不一样的，"君子"属于"治人者"，相应要遵守更高的道德标准。如今当然已经没有"君子"和"小人"的区分，但社会依然是分层的，中下层民众同样将上层社会视为自己的榜样，生活中如此，伦理道德层面亦是如此。"上无礼，下无学，贼民兴，丧无日矣。"一个社会的上层没有诚信，老百姓也就失去了道德参照，这种情况下再要求普通民众遵纪守法、真诚无欺，实际上就有只许州官放火不许百姓点灯的意味了。

幸运的是，中国的新一代领导人能在历史转折期敢于担当，对官场的贪腐行为、对商界的败德之举施以重拳，虽然尚待历史的检验，但毕竟给人以鼓舞和希望。

---

① 出自《礼记·儒效》
② 出自《论语·子张》

第2章 财富观与企业家精神

企业家精神是生于人的灵魂深处的,并不是现代人才有,只不过现代人有幸遇到尊崇企业家精神的社会环境。企业家精神的社会意义简而言之就是一句话:没有企业家精神就没有革命,没有革命就没有人类社会的进步。

企业家精神的存在需要三个基本条件,第一是承认资本的合法性,第二是资本与资本之间具有交易的条件,第三是通过交易带来的效率高于自己生产的效率,即交易能创造财富。所以谈及企业精神便必定涉及财富。

渴望财富的心情是相同的,但每个人的财商①却各不相同,所以有的人可以富有,有的人只能贫穷,有的人因为财富而受人尊敬,有的人因为财富招来祸患。

是在数钱中死去还是在数钱中成长,这是每个理性创业者都要面对的问题。拜金主义是罪恶的,但不可否认的是,以金钱为代表的物质财富的运动规律是大多数社会组织运行的基础,高尚的价值观并没有脱离金钱,只是建立在更加有序的金钱活动规则之上。同样。健康的企业一定是建立在健康的财富观基础之上。

按照马克斯·韦伯的定义,资本主义的经济行为是一种利用交易机会获取预期利润的行为。以此观察,资本主义精神与企业家精神实际上具有大致相同的内涵。韦伯认为新教伦理限制了人们以财富为追求目的的行为,同时将对物质利益的欲求释放出来,两者的结合促进了

---

① 1999年4月,美国小型公司投资人罗伯特·T·清崎和咨询专家莎伦·L·莱希特两人合著了《富爸爸,穷爸爸》一书,首次提出了财商概念(Financial Intelligence Quotient,FQ)。所谓财商,是指一个人认识金钱和驾驭金钱的能力,是一个人在财务方面的智力,是理财的智慧。它包括两方面的能力:一是正确认识金钱及金钱规律的能力;二是正确应用金钱及金钱规律的能力。

资本主义精神的产生,这是西方世界能够创造成功的重要原因。道德哲学预设了生活经验并研究生活经验。① 在宏大的社会背景下,个人行为的选择往往会考虑终极问题,例如幸福问题,但在企业环境中,个人的选择有更明确的功利主义色彩,获得交易机会及在交易中的竞争能力是基本的目标诉求。关于财富观与企业家精神之间的联系,韦伯从社会学的角度给出了系统的解释,如果换做企业的角度,又该如何理解财富观与企业家精神之间的联系呢? 韦伯所提到状态只有在宏观层次的观念与微观层次的行为之间实现充分沟通、能够上下保持一致的情况下才会发生,企业是宏观层次的观念与微观层次的行为之间的转换器,那么,什么样的企业机制才能发挥这种转换功能呢?

2.1 企业财富观的类型

如何区分企业财富观是合乎道德的还是背离道德呢? 此处以亚里士多德在《尼可马各伦理学》中对"善"的定义为依据。亚里士多德认为一切行为和道德选择都是为了追求一种善,善就是每一种行为和道德选择所追求的目的,在存在多重目的的情况下,善就是处于最高层次的目的(其他目的都是依附于此种目的而存在)。企业的社会责任包括法律责任、伦理责任、经济责任与慈善责任;法律责任是指遵守所有法律和政府法规,伦理责任是指遵循利益关系人评判的可接受行为标准,经济责任是指最大化利益关系人的财富或价值,慈善责任是指回报社会。经济责任无疑是其他三类责任的附着体,是企业的终极目的,即为最高的善。所以,评判企业财富观是否合乎道德要求,基本的标准是这种财富观是否有利于企业经济责任的实现。据此,企业财富观被分为两种类型:

第一种:对企业经济责任实现有正向作用的财富观(X)

第二种:对企业经济责任实现有反向作用的财富观(Y)

在马克斯·韦伯看来,财富伦理涉及以下三个方面的价值研判:一是对财富来源的认知,即认为财富来源于上帝的恩赐、社会的给予、他

---

① 引自《尼各马可伦理学》,亚里士多德,中国社会科学出版社,2007 年版,第 7 页。

人的帮助还是个人的奋斗;二是取得财富的手段,即是以最有效率、最合理、最公平、最职业的方式来创造财富还是通过巧取豪夺、坑蒙拐骗谋取财富;三是财富的应用,是用于满足个人不断膨胀的欲望还是回馈社会、捐助穷人。据此,财富观可以从三个层面进行观察,即:

第一层面:财富来源(Ⅰ)

第二层面:财富获取手段(Ⅱ)

第三层面:财富的应用(Ⅲ)

综合企业发展的历史脉络,对财富的来源、获取手段、应用又分别可以进行如下划分:

财富来源(Ⅰ)

I_1:神秘力量,例如部分教会国家中的企业、封建农业社会的企业

I_2:人的劳动,例如以马克思主义为指导的国家的企业

I_3:货币、设备、技术、土地等物质资本,例如市场经济充分发展的国家的企业

财富获取手段(Ⅱ)

II_1:交易

II_2:占有,即凭借政治或经济上的垄断势力占有他人的财富

财富的应用(Ⅲ)

III_1:满足企业家个人的欲望

III_2:用于社会福利

III_3:满足富贵阶层的欲望

按照图 2-1 的形式进行配对,得到企业财富观的 18 种类型:

来源(Ⅰ)　　　　手段(Ⅱ)　　　　应用(Ⅲ)

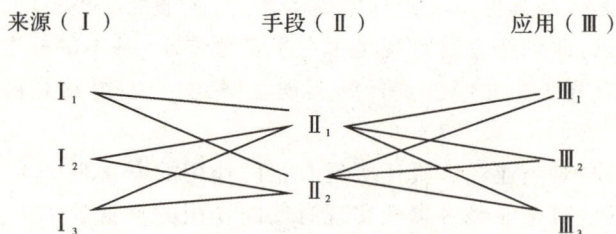

图 2-1　财富来源、手段与应用配对关系

(1)$I_1 - II_1 - III_1$

(2)$I_1 - II_1 - III_2$

(3) $I_1 - II_1 - III_3$

(4) $I_1 - II_2 - III_1$

(5) $I_1 - II_2 - III_2$

(6) $I_1 - II_2 - III_3$

(7) $I_2 - II_1 - III_1$

(8) $I_2 - II_1 - III_2$

(9) $I_2 - II_1 - III_3$

(10) $I_2 - II_2 - III_1$

(11) $I_2 - II_2 - III_2$

(12) $I_2 - II_2 - III_3$

(13) $I_3 - II_1 - III_1$

(14) $I_3 - II_1 - III_2$

(15) $I_3 - II_1 - III_3$

(16) $I_3 - II_2 - III_1$

(17) $I_3 - II_2 - III_2$

(18) $I_3 - II_2 - III_3$

第(1)—(6)种类型的企业财富观存在于一些教会国家及封建农业社会。譬如伊斯兰教国家,伊斯兰教认为个人财富所有权只是暂时的、相对的,只有真主才是一切财富和权力的主人;真主赐给人类的财富属于社会,个人只不过是代理者,需要履行一种社会职责,即代替真主将财富用于社会需要的人们。再如封建社会的中国,农业是主要产业,人们通过各种类型的祭祀表达对自然神秘力量的敬畏,来自于土地,即来自于上天的收获才是道德的,商业不能带来财富,只能培养人们奸诈的品行。当人们对神秘力量的敬畏与对社会苦难的怜悯能和谐统一的时候,就是在第(2)种财富观之下,商业获得了发展的机会,伊斯兰教国家及封建农业社会的黄金时期都曾出现过商业繁荣的时期。除此之外的几种类型财富观对商业发展是不利的。譬如当今伊斯兰教的部分国家,财富分配不公平,社会贫富差距拉大,造成严重的社会动荡。

第(10)—(12)种与第(16)—(18)种类型的企业财富观均是以占有的方式取得财富。占有的力量主要有两个来源:其一是市场的不对称性为部分处于优势的企业占有更大财富提供了机会,例如市场经济发展早期的企业;其二是国家的税收体制允许企业在社会总价值的分配中占有优势地位,例如部分集体主义导向的国家。这六种类型的财富观在特定历史时期对社会发展均产生了巨大的推动作用,也是市场经济发展特定阶段必然的产物,譬如资本主义国家企业早期的强取豪夺为后续市场经济秩序的建立提供了物质基础。但任何形式的占有都会随着权力的均衡而丧失其继续存在的可能性。从世界范围企业发展看,以占有形式取得财富的模式已经不再是主流。

在第(9)和第(15)种类型中,企业创造的财富经过社会分配被集中到富贵阶层,这是缺少正义基础的财富分配模式。而且,因为这两种类型所对应的社会中大部分人群缺少消费能力,社会创新能力会受到约束。①

第(7)和第(8)种类型的财富观均以人的劳动为财富的来源,从上世纪中期开始,特别是人力资本理论创建以来,人力资本在财富创造与分配体系中的位置日渐提升。即便如此,这两种类型的财富观尚未成为主导,即使在中国这样的社会主义国家,劳动报酬率从改革开放到今天始终是处于比较低的水平(不足40%),特别是在最近几年,甚至有下降的趋势。②

第(13)和第(14)种类型至今仍然是主流,特别是第(13)种类型。凤凰网财经频道在2013年曾经做过一个"中国人财富观"网络调查,其中网民和企业家对"企业家是否有权拥有自己创造的财富"这一问题的回答有非常大的差异,所有被访企业家都认为应当拥有,但是大多数网友认为"不可以,这样他就太自私了,不慷慨就是对他人的伤害"。有一种观点认为这是"仇富"心理在作祟,究竟是不是达到了"仇富"或"劫富济贫"的程度是存在争议的。但根据国家统计局发布的数据,2012年中国的基尼系数是0.474,说明收入差距还是比较大的。早在1955

①　关于发展和收入分配关系的问题颇有争论。对发展和收入分配之间关系的理论研究可被划分为四个不同的阶段:第一个阶段(1940—1950年代)的文献将增长和工业化看作是减贫的重要举措;第二个阶段(1950年代中期—1970年代中期)的文献强调了增长和分配之间可能会发生冲突,因而需要政府来干预发展过程;第三个阶段(1970年代中期—1990年代早期)的文献达成了一种共识,即如果政策可以恰当地发挥作用,无论是在短期还是在长期,快速增长和分配之间都不会发生冲突;进入20世纪90年代兴起新的思潮,认为公平和增长之间不能平衡。

②　张长生在其《2001年以来我国劳动报酬率和居民收入占GDP比重演变分析》中的研究揭示"重物轻人"的观念在我国经济发展中尚未有大的转变。

年,库兹涅茨就提出经济增长与收入分配差距呈倒 U 型关系的判断,他认为在收入水平低的时候,经济增长与收入差距是相伴而生的,但是当收入水平达到一定程度以后,经济增长有助于缓解收入不平等。虽然近现代经济发展的历程在很大程度上印证了库兹涅茨的假说,但经济增长仅仅是社会发展的一个侧面,在人们的心理与行为背后有更为复杂的因素在发挥作用。所以,这两种企业财富观究竟哪一种更能代表未来的趋势是一个尚待观察的问题。

2.2　创业当何以为继

在进一步探讨什么样的企业财富观更有利于涵养企业家精神之前,需要对企业家精神的内涵做进一步的解释。企业家精神是依附于创业行为的,关于企业家精神的概念多是从个体创业行为特征的角度给出的,创新、冒险、合作等是这类行为的标签。这类标签彰显着征服与占有的欲望,在创造辉煌财富的同时,也成为社会自我否定的力量。耶鲁大学的罗伯特·兰教授研究发现,1950 年,约 60％的美国人说自己是"幸福"的,此后,这个比例除偶尔起伏之外几乎没有大的变动,同时认为自己"非常幸福"的人口比例却由 1950 年的 7.5％下降到 6％。20 世纪后半叶是美国高速发展时期,更是美国人财富显著增长的时代,美国被视为创业者的天堂。这表明财富与幸福至少并非总是正相关的。① 如果企业家精神并不能带来幸福,所谓的冒险、创新又有什么意义,所谓的合作则更似彼此利用的代名词。于是,我们不仅要追问企业家精神真实意义是什么?

就像多数人希望青春永驻一样,多数创业者梦想基业长青。设备、厂房、现金、技术等等可以很快办好移交手续,但很多企业会因为某个人的离去而丧失发展的势头,甚至会倒闭。君子创业垂统,为可继也。② 那么,创业何以为继呢?

---

① 引自《财富、幸福与德性——读亚里士多德〈尼各马可伦理学〉》,李兰芬、倪黎,哲学动态,2006 年第 10 期,第 48 页。

② 出自《孟子·梁惠王下》;垂:流传,统:一脉相承的系统。

管仲论
（宋·苏洵）

管仲相桓公，霸诸侯，攘夷狄，终其身齐国富强，诸侯不敢叛。管仲死，竖刁、易牙、开方用，桓公薨于乱，五公子争立，其祸蔓延，讫简公，齐无宁岁。夫功之成，非成于成之日，盖必有所由起；祸之作，不作于作之日，亦必有所由兆。故齐之治也，吾不曰管仲，而曰鲍叔。及其乱也，吾不曰竖刁、易牙、开方，而曰管仲。何则？竖刁、易牙、开方三子，彼固乱人国者，顾其用之者，桓公也。夫有舜而后知放四凶，有仲尼而后知去少正卯。彼桓公何人也？顾其使桓公得用三子者，管仲也。仲之疾也，公问之相。当是时也，吾意以仲且举天下之贤者以对。而其言乃不过曰：竖刁、易牙、开方三子，非人情，不可近而已。

呜呼！仲以为桓公果能不用三子矣乎？仲与桓公处几年矣，亦知桓公之为人矣乎？桓公声不绝于耳，色不绝于目，而非三子者则无以遂其欲。彼其初之所以不用者，徒以有仲焉耳。一日无仲，则三子者可以弹冠而相庆矣。仲以为将死之言可以絷桓公之手足耶？夫齐国不患有三子，而患无仲。有仲，则三子者，三匹夫耳。不然，天下岂少三子之徒哉？虽桓公幸而听仲，诛此三人，而其余者，仲能悉数而去之耶？呜呼！仲可谓不知本者矣。因桓公之问，举天下之贤者以自代，则仲虽死，而齐国未为无仲也。夫何患三子者？不言可也。五伯莫盛于威、文，文公之才，不过桓公，其臣又皆不及仲；灵公之虐，不如孝公之宽厚。文公死，诸侯不敢叛晋，晋习文公之余威，犹得为诸侯之盟主百余年。何者？其君虽不肖，而尚有老成人焉。桓公之薨也，一乱涂地，无惑也，彼独恃一管仲，而仲则死矣。

夫天下未尝无贤者，盖有有臣而无君者矣。桓公在焉，而曰天下不复有管仲者，吾不信也。仲之书，有记其将死论鲍叔、宾胥无之为人，且各疏其短。是其心以为数子者皆不足以托国。而又逆知其将死，则其书诞谩不足信也。吾观史鰌，以不能进蘧伯玉，而退弥子瑕，故有身后之谏。萧何且死，举曹参以自代。大臣之用心，固宜如此也。夫国以一人兴，以一人亡。贤者不悲其身之死，而忧其国之衰，故必复有贤者，而后可以死。彼管仲者，何以死哉？①

　　苏洵对管仲的评论，同许多褒扬之辞不同，是对管仲的批评，因为在管仲辞世之后，齐国是小人当道、社稷颓废。一项事业在一个人离开后就失去了继续发展的势头，甚至彻底消失了，"以一人兴，以一人亡"，不能不说是一种悲哀。在这样的情况下，类似管仲这样不能为事业生命做出精心安排的人还能被称为有企业家精神吗！

　　所以，对企业家精神的考量第一层次应当立足于事业的永续发展，第二层次才是类似于创新、冒险、合作等行为特征。《易经》中有两句非常著名的话："天行健，君子以自强不息。地势坤，君子以厚德载物。"一般的解释突出强调人需要发奋图强、增厚美德。这种解释看似圆通，实际上是没有把握这两句话的根本。这两句话是孔子为《周易》而写的象传，而且是写给"君子"的。鉴于孔子将天道视为礼法的根本，将君子视为礼法具体践行者，《易经》开篇中的这两句话绝不仅仅是提醒人们勤奋努力、做个好人那么简单，而是开宗明义的强调传承天道是君子的使命。如果只是强调努力、自强、仁厚等行为特点，而忽视行为的指向与归宿，如此的行为岂不成了大海中失去航向的船舶。企业家精神同《易经》中这两句话的涵义高度一致，对其解释不能仅仅停留在第二层次，而是要立足于第一层次去考虑第二层次的具体内容。

　　既然企业家精神的第一要义是事业的传承，那么这种责任依靠什么去实现呢？

2.3　结构与企业家精神

　　2014 年广东某地政府为了推动"子承父业"，以延续企业发展的势头，牵头组织企业家子女到国有企业挂职锻炼，折射出国内民营企业面临严峻的继承人问题。类似于父辈与后辈之间事业继承面临的问题，国内众多创业企业在发展过程中普遍会遇到，缺少理念的认同是此类问题的根源之一，所以，创业者们给人的感觉似乎很孤独。其实每个人

---

　　①　管仲，春秋时期齐国著名政治家、军事家，辅佐齐桓公完成霸业。三国时期诸葛亮年轻时常自比有管仲之才。

都在寻找自己的分身，而正因为找不到，所以每个人都是孤独的。① 创业者的孤独并没有什么特别之处，如果过于强调，反倒成了矫情。当创业者哀叹孤独的时候，需要进一步反思自己的伙伴、管理团队、员工是否怀有同样的感受，而这种感受恰恰是创业者带来的。

研究证明技术创新与组织变革是相伴而生的。组织结构作为实现企业经营目标和战略目标而确立的关于内部权力、责任、控制和协调关系的基本形式，它与企业创新特点的匹配程度直接影响企业创新的成功与否。

X 公司是教育服务领域的新生力量，经过最初几年的艰苦努力，形成了良好的社会声誉与服务作业体系，同时也形成了一套完备的管理制度。企业技术研发、员工考评、财务管理、经营计划等权力和资源集中在负责人一人之手，副总在自己分管的业务范围内也没有决策权。所有的员工需要按照既定规则工作，需要在完成标准工作量的前提下才能获得相关的报酬。一些探索性的项目需要付出很多努力、占用额外的资源、承担失败的风险。为此，有员工建议针对创新型项目设立专门制度，提高组织的灵活性与创新性。譬如降低培训讲师的最低课时量标准，鼓励讲师开发新的培训项目；再如对副总及中层管理者授权，扩大这些管理人员探索的空间。但是，这位负责人却坚持认为：创新就要"看苗浇水"，没必要单独设立什么制度，如果谁有好的想法，可以一事一议、特事特办。但是当有人提出要开发新的项目时，这位负责人就会将这个项目交给执行团队去讨论，执行团队在没有授权的情况下，只能按照既定的规则去评判项目的可行性。结果就是这个项目行不通。

这样的创业者肯定是孤独的，因为他不能消除员工的孤独，所以他只有被孤独。组织结构与制度的背后是企业财富的分配结构，不同的财富分配结构会决定团队创新创业的热情和能力，会决定企业中的人究竟是负担还是资本。如果企业中的人是资本要素，创业者所拥有的

---

① 语出日本作家东野圭吾。东野圭吾的《白夜行》中有这样一段话："我的天空里没有太阳，总是黑夜，但并不暗，因为有东西代替了太阳。虽然没有太阳那么明亮，但对我来说已经足够。凭借着这份光，我便能把黑夜当成白天。我从来就没有太阳，所以不怕失去。"对于创业者来讲，有没有太阳并不重要，重要的是发现那个代替太阳的东西。

就是伙伴,创业者就不会孤独。①

　　收入水平的提高、技术的进步及教育的发展带来生活方式与工作方式的革命性变化,越来越多的人希望成为合作者而不是雇员,相应带来组织结构、财富管理方式的适应性调整。近些年兴起的内创业(Intrapreneurship)便充分说明这一趋势。内部创业②是由一些有创业意向的企业员工发起,在企业的支持下承担企业内部某些业务内容或工作项目,进行创业并与企业分享成果的创业模式。这种激励方式不仅可以满足员工的创业欲望,同时也能激发企业内部活力,改善内部分配机制,是一种员工和企业双赢的管理制度。2000 年底松下启动的"Panasonic Spinup Fund"(松下创业基金,简称 PSUF)就是这类内部创业的代表之一。内创业并不是大企业发展的特有现象,国内从上世纪末期开始涌现出多个以内创业形式发展起来的企业。③

　　世界著名的管理咨询公司埃森哲,曾在 26 个国家和地区与几十万名企业家交谈。其中 79% 的企业领导认为,企业家精神对于企业的成功非常重要。全球最大科技顾问公司 Accenture 的研究报告也指出,在全球高级主管心目中,企业家精神是组织健康长寿的基因和要穴。彼得·F·德鲁克认为:所谓公司的核心竞争力,就是指能干别人根本不能做的事,能在逆境中求得生存和发展,能将市场、客户的价值与制造商、供应商融为一体的特殊能力。企业家精神是企业核心竞争力的唯一真实来源,一个活跃的市场,土地、劳动者、资本等要素只有在具有企业家精神的人手中,才能在复杂多变的竞争环境中发展壮大起来,才会真正成为财富的源泉。遗憾的是,在追逐财富的忙碌中,企业家精神似乎成了留守儿童。

　　企业家精神既然是核心资源要素,就不能单单从文化的角度去理

---

　　①　高玉荣和尹柳营在其文章"组织结构对于企业技术创新的影响"(《科学学研究》2004年 12 月)中,分别分析了传统组织结构与无序组织结构对创新行为的影响,并提出基于技术创新的组织结构设计模式。

　　②　http://finance.sina.com.cn/leadership/20091021/13496865450.shtml,有一种观点认为内创业在中国将成为一种趋势,王冉、徐中在其文章中对比了华为和搜狐的内创业。

　　③　内创业表明诚信对促进经济协作关系的意义,而国内部分行业大企业的一体化战略安排则表明诚信缺失对社会分工的负面影响。

解,更应当从其生成的来源,即资本的主体性角度去思考、规划与经营。① 以股权(表决权、分红权)分配为例。如何给各个成员分配股权,是一个非常重要并且要认真考虑的问题。如果某成员的股权太低,他的能动性就无法完全发挥;如果某人的股权太高,那一旦犯错代价太高。实际上,一切关于利益和表决权分配的问题,对于小团队来说,都是足以影响全局的大问题。

当前中国具有法人资格的中小企业数量 1000 多万户,占全国企业总数的 99%,贡献了中国 60% 的 GDP、50% 的税收,创造了 80% 的城镇就业机会。全国工商联调查显示,规模以下的小企业 90% 没有与金融机构发生任何借贷关系,小微企业 95% 没有与金融机构发生任何借贷关系,相比中小企业为社会创造的价值与其获得的金融资源明显不匹配。在博鳌亚洲 2013 年年会上发布的《小微企业融资发展报告》指出中国缺少对小微企业的金融服务。

其实,出现这种情况的原因不能简单归结为金融服务的问题。小微企业创业有其自身的特点和融资规律。小微企业群体规模庞大,但成长型小微企业②的比例仅有 10% 左右,这部分小微企业经营者更多是借助非正式投资(Informal Investment)③。

但新时代的创业者应该清楚两点:第一是,相比于以往,国内为小微企业创业服务的金融机构与金融产品有了很大进步;第二是,资本市场之所以会让创业者感到遥远,更大的原因来自创业者对资本市场的不了解。每个人、每个项目、每个企业都处在一个资本网络之中,关键在于经营者是否能找到融入其中的路径和方法。马斯特顿创建 Openindie. com 的融资方式是一个很好的例子。

---

① 这并不是意味着用金钱去激励团队成员努力工作,而是指企业精神的塑造需要符合经济规律。企业内部的利益驱动要素相互关系是企业文化形成的条件,企业文化是企业成员之间利益均衡的问题,不仅仅是思想教育。

② 成长型企业是指在较长的时期内(如 3 年以上),具有持续挖掘未利用资源能力,不同程度地呈现整体扩张态势,未来发展预期良好的企业。成长型企业一般具有的特质是:所处行业具有成长性、产权多元化、专注单一业务、完善的内部约束与激励机制、具有战略视野且行动高效的团队等。

③ 类似于风险投资基金的投融资机构,对投资项目有比较高的要求,大部分初创项目难以获得。非正式投资一般指来自于创始人(Founder)、家人(Family)、朋友(Friend)、傻瓜(Fool)。

大众融资建设电影平台

基兰马斯特顿使用大众融资创建了他的电影平台——OpenIndie.com,他的 OpenIndie 是一个网站列出各种各样的电影,人们可以找到,并进行分享,马斯特森估计有抱负的电影的人应该是他网站的支持者,因此他用这个主意向他们筹资:投资 100 美元的风险,作为回报,他们的电影出现这个网站的名单中,100 位制片人对于这个建议表示非常喜欢,马斯特顿筹集了 10000 美元。

在资本市场中,企业作为一种特殊的资产,可以交易并形成市场价格。现代企业价值理论的创始人艾尔文·费雪(Irving Fisher)[①]认为,任何财产或财富的价值均来源于它能够产生为货币收入的权利,而这种权利的价值通过对未来预期收入的折现获得。

现实总是矛盾的。创业者希望自己的企业能增值,自己的事业能让更多人从中得到利益,但现实却很残酷,初创企业的死亡率是非常高的,尤其是对于青年创业。硅谷的初创企业死亡率最高达到 50%;上世纪 90 年代的中关村,初创企业死亡率在 10%,在 2007 年左右死亡率高达 30%;在企业创业 3—5 年以后,大概也只有 25% 的企业能够存活下来;从大学生创业情况来看,全世界学生创业成功的比率大概是 10%,中国的水平在 1%,2012 年国内大学生创业成功率最高的浙江省也只有 4%。

面对这样的数据,我们应该作何反应呢?

死亡本就是生命存在的一种形式。一个人面对死亡没有必要避讳,而是由此反思生命的意义。一个创业者也需要正确看待企业的死亡,因为任何企业都难以逃脱宿命,或早或晚而已。目前对初创企业的各类教育、辅导与援助服务相比于以往已经有很多改善,未来应该会更好。但是只要看看类似于美国这样发达国家初创企业成功的概率,你就会明白,无论社会服务多么健全,初创企业中的大多数仍然会死去。

---

① 费雪是经济学界的先驱人物。1906 年出版的《资本与收入的性质》完整阐述了资本与收入的关系及资本价值源泉问题,指出资本的价值就是未来收入的折现值。1907 年其专著《利息率:本质、决定及其与经济现象的关系》进一步奠定了价值评估理论的基础。费雪将利息等同于财富,他的名言是:利息不是收入的局部,而是收入的全部。关于企业价值的解释还有其他观点,但费雪提出的论断是现代企业价值理论的主流。

这是不可违背的自然法则,创业成功永远会是稀缺的事情,也正因为这样,企业家精神才弥足珍贵。

因此,创造更多的交易可能性远比单纯追求交易价值的高低更有价值,因为交易的可能性意味着生命的延续。

价值判断是基于主体的立场而存在的。对于"我是谁"这个问题的不同回答,意味着不同的视角和期望,对同样一件事情的价值判断也会有所不同。在早期甲骨文中,"我"这个字是"戌"的变形,像一种有锯齿的武器,造字本义是:手持大戌,示威大喊。想象之中似乎能看到一个人手持兵器,在显示对自己权益的捍卫之心。企业是由不同个体构成的,每个人都贡献着特定的资源要素,有钱的出钱,有力的出力,并对企业的经营有特定的要求,专业的说法就是剩余索取权。

资本是价值的一种特殊形式,在不断运动中谋求自身增殖的价值,从形态上看,资本可以表现为生产过程中的一切要素,实物的、货币的、虚拟的等等,但资本的运动本质上是价值运动,其一般运动形式是:货币(G)—商品(W)—货币(G)。企业资本是由多种资本成分复合而成的,也就是说,企业中有多个"我"的存在,每个"我"都是手持大戌维护着自己的资本权益,每个资本都在运动中谋求增殖,例如工人、企业家、投资人、一般管理者等等。

所有这些资本元素的运动并不是无序的,将它们融合到一起,并且可能使其增殖的力量来自于企业家的努力。创业资本就是以企业家独特禀赋为内核的生产要素。如果将创业企业的价值比喻为一个孩子,那么资本就是它的母亲,企业家就是它的父亲,资本的增殖繁育是因为企业家的存在。

社会的基本经济单位,在经历了原始社会的部落氏族、努力社会的奴隶主庄园、封建社会的作坊等形式以后,在资本主义阶段产生了企业这种形式。科斯(Ronald Harry Coase)在《企业的性质》中关于企业产生的原因给出的解释是迄今为止最能令人信服的。科斯认为当市场交易成本高于企业内部的管理协调成本时,企业便产生了,企业的存在正是为了节约交易费用,即用成本较低的企业内交易代替成本较高的市场交易,企业规模被决定在企业内交易的边际费用等于市场交易的边际费用哪一点上。可以说,企业因交易而存在,企业内人与人之间首先是交易关系,正是因为企业能满足个体利益最大化的需求,能够使得个体获得独立工作不能得到的利益,个人才愿意以企业的方式同其他人联合。

19 世纪晚期,公司成为经济世界中居于主导地位的企业形式。有人这样形容:如果说牛顿为工业革命创造了一把科学的钥匙,瓦特拿着这把钥匙打开工业革命的门,斯密为工业革命缔造了经济法则,那么公司制则为工业化和社会化提供了最优的组织形式。美国法学家巴特勒(Nicholas Murray Butler)曾感叹:有限责任公司是现代社会最伟大的发现,即使蒸汽机和电都无法与之媲美。公司制的伟大之处在于它解决了在更大范围将陌生资本结合到一起去的问题,为创业者在更大空间的合作提供了平台。

任何企业制度是结成企业组织形式的独立个体之间博弈的结果,如果企业要持续存在,拥有控制权的企业主必须适应这种自愿交易而达成的契约结构,否则就会失去企业对内部伙伴的吸引力,扼杀企业创新与持续增长的活力。以独资和合伙为基本形式的古典企业,企业所有权与控制权高度集中,企业主事无巨细地控制着一切,企业主的目标就是企业的目标。当企业随着社会经济发展到一定阶段以后,古典企业遭遇严峻挑战。美国杜邦公司历经的组织结构变革过程是一个典型的案例。

杜邦公司从个人英雄主义式的管理到现代公司制的转变历程是很多古典企业变革的缩影。组织权力与资源的重新分配代表着一种新型的企业结合方式,因为新的方式能够赋予成员更大的获取利益的空间与支持,因此会被认同,杜邦公司才能得以基业长青。

清华大学姜彦福教授等研究发现,在当今高科技时代,从企业规模的变化来看,同时出现超级大企业不断涌现和众多中小企业激增的现象,大企业的规模变化则是横向规模变大,纵向规模变小。[①] 现在的中小企业已经不纯粹追求纵向规模的增长,而是更愿意采用战略协作的方式发展。所以从企业管理方式的角度上判断,当代企业规模有变小的趋势。在我国经济转型比较早的广东地区,具有一定资本和市场基础的企业,正在忙于占据价值链的上游,而将部分业务剥离出去,寻找外包服务企业来协作,这些企业也是逐渐在变小。伟大的企业都是在

---

① 姜彦福.高科技时代企业规模的变化趋势.中国软科学,2003 年 2 月。

"小"与"大"的辩证发展中成长起来的。

中国有句俗语是"树大分叉,子大分家。"孩子大了,就会有自己的想法,希望更大的生活与发展自由,再将们拴在身边,只会带了更多矛盾,于是就要分家。财产分配是分家过程中最重要的事情,事关分出去的家庭与被分家庭的未来。但孩子分家以后,不会改变姓氏,不会改变宗族关系,还需要承袭和发展家族的文化,在很多情况下,仍然需要同家族中的其他人一起光耀门庭。所以,分家在很大意义上市家族壮大的手段,而不是解散的征兆。

企业也是如此,到了一定程度,受内外因素的影响,企业就要采取新的组织结构,重新安排内部资本要素之间的关系,以充分利用个体自利性的优势焕发创业热情。发生于 20 世纪中期的经理人革命是要求企业组织结构变化的重要信号。

从管理角度观察,经理是具有强烈趋利性、预见能力、创新能力和组织能力的人,暨南大学教授陈光潮认为:经理具有企业家本质特征,在一定环境条件约束下,最大限度实现企业家职能并获得显著成效的经营者。现代企业的重要特征是所有权与管理权的分离,职业经理人是体现管理权的核心力量。1932 年美国法学家贝利和经济学家米恩斯在其经典著作《现代公司与私人财产》中公布了他们对 200 家美国最大公司进行的实证研究结果。美国电话电报公司股东人数从 1901 年的 1 万人增加到 1931 年的 64.2 万余人,30 年内增长了 60 多倍;宾州铁路的股东人数由 1902 年的 2.8 万人增加到 1931 年的 24 万余人,增加了 7.5 倍;美国制钢工业的股东人数由 1901 年的为 1.5 万人增加到 1931 年的 17.4 万余人,增加了 10 倍。此外,他们还发现,在被调查的 200 家大公司中,绝大部分不是由股东控制的,其中占公司数量的 44%,占财产 58% 的公司是由并未掌握有公司股份的经理人员控制的。由此他们认为股份公司的发展已使它们实现了所有权与控制权的分离(The Seperation Between Ownership and Control)。钱德勒对二战后美国公司成长情况的调查进一步表明,到 1963 年,美国 200 家最大的非金融公司中有 169 家即 84.5% 的是由经理控制的。200 家非金融公司中,没有一家公司的股份被某一家族或某一集团掌握 80% 以上,没有一家公司是由某一个人所控制。钱德勒的研究表明,到了 20 世纪 50 年代,"在美国经济的一些主要部门中,经理式的公司已经成为现代企业的标准形式。在那些现代多单位企业已经取得支配地位的部门中,经理式的资本主义已经压倒了家庭式的资本主义和金融的资本主义。"

随着股份公司规模的扩大和股权的分散,股东对公司的控制日益困难,如何掌控经理人成为一个重要的问题。但是伴随知识经济时代的来临,经理人问题已经不是如此简单了,经理人革命才是真正需要各方关注的。革命就是要取得平等的地位,经理人所特有的,以企业家才能为禀赋的知识资本应该同股东的货币资本具有相当的企业剩余索取权。在货币资本主导的时代,股东似乎在这场革命中占据主动,20 世纪 90 年代,美国曾经出现一个解雇经理的浪潮,IBM、通用、康柏、田纳西科学技术公司、美国快运等先后解雇自己的总经理。但事实证明这种方式无助于抗拒历史的潮流。

历史的潮流是人心所向。经理人既然凭借企业家才能创造了业绩,既然能在美国被誉为美国社会的原动力,他们的地位和意愿理应得到承认,并上升到制度层面,否则就是对人性的压抑,是违背自由与平等精神的。经理人革命后来的发展证明,能够通过制度创新为经理人的创业热情提供条件和保障的企业才会维持企业的创业能力。而我国国有企业改制的成功应该也是因为从根本上解决了经理人私利性得不到彰显的问题。

综上,对于传承的载体究竟是什么这一问题的回答完全可以换一种思路。企业资本价值最大化首先是人力资本主体资格的确认。企业家的作用就是要创建一种认可人力资本主体资格的机制。基于物质资本的企业财富观并未将人的主动性同等看待,更谈不上人力资本的主体资格认可。

第3章　企业家诚信研究述评

诚信是中华民族的传统美德,从古至今,诚信一直被视为立身之本、为政之基、交友之道、兴业之源。在中国古代,诚信是一种信仰,如今植根于我们内心深处的诚信概念更多是一种留恋。

现代社会的诚信是一种交易结果,在市场经济背景之下,是否能有诚信,首先取决于交易双方力量的对比,其次是公共约束。

当下的研究迎合了市场经济发展的潮流,但是否能代表正确的方向呢?

在西方,诚信同样被赋予重要的社会意义,洛克、霍布斯、马克斯·韦伯等认为诚信是社会秩序的主要原则,是民主的前提,是社会组织的黏合剂。对商业诚信的研究虽然有悠久的传统,但深入的研究是伴随着市场经济的发展开展起来的,这一点在国内外是一致的。从起始时间来看,国外大致开始于二十世纪六十年代后期,国内则是在20世纪九十年代末期开始这方面的探索。企业家诚信方面的研究虽然还不成体系,但在商业诚信研究的各类成果中多有涉及,故而,此处在对商业诚信研究文献的爬梳中对企业家诚信以往的研究进行回顾与评析。此外,有相当一部分商业诚信方面成果来自于对信任问题的研究领域,诚信与信任两个概念虽然在语义方面有差异,但从表3-1与表3-2关于信任概念的总结可以发现,在以往的研究过程中,信任与诚信在内涵方面具有显著的一致性,因此,相关的信任方面的文献资料也在归纳总结范围之内。

表 3-1　纵向信任构成要素的研究文献①

文献出处	构成要素
Gibb(1964)	专业、可靠、意图、能力、个人吸引力、名声
Gabarro(1978)	向上信任:正直、动机和开放性 向下信任:正直、能力和一致性
Burns(1978)	品行、能力、可测性、关爱
Martins(2002)	开放性、诚实、公平、意图和信念
Podsakoff & MacKenzie(1996)	向下信任:正直、特质、能力、信心、支持、开放性、和承诺兑现
Butler(1991)	可利用性、能力、一致、谨慎、公平、正直忠诚、心胸宽大、承诺、成就、感受性
Cook & Wall(1980)	可信的意图、才能
Stimpson & Maughan(1978)	对被信任者的依赖、利他
Johnson-George & Swap(1982)	可靠
Larzelere & Huston(1980)	仁慈、诚实
Lieberman(1981)	能力、正直
Ring & Van deVen(1992)	道德正直、善意
Boyle & Bonacich(1970)	过去的互动、谨慎程度

表 3-2　企业间信任问题研究中"信任"的成分②

文献出处	构成要素
Ganesan S. (1994)	可信性、善意
Aulakh P. s. , Kotabe M. , Sahay Arvind(1996)	可靠性、诚实性
Doney P. M. & Cannon J. P. (1997)	可信性、善意
Smith J. B. & Barclay D. W. (1997)	诚实、可靠性、责任、受欢迎性、判断

---

① 蔡翔.员工—企业之间纵向信任及其影响因素研究.北京:经济出版社,2007年,第40页。

② 林英晖.供应链企业间信任研究:价值、评判与建立.北京:经济管理出版社,2007年,第29—33页。

续表

文献出处	构成要素
Zaheer A., MxEvily B. & Perrone V(1998)	可靠性、可预测性、公平性
Young-Ybarra C. & Wiersema M.(1999)	可靠性、可预测性、信心
Taewon Suh, IK-Whan G. Kwon(2002)	善意、意愿
Handfield R. & Bechtel C.(2002)	忠诚
David A. J, David M. Mc-Chtcheon(2004)	善意、可靠性

3.1　国外研究的情况

国外对商业诚信的研究主要集中在经济学与社会学两大领域。

在经济学领域,能够寻到的比较早的文献是亚当·斯密在《关于公正、警察、税收和军队的演讲》中的论述,在这份资料中,斯密对不同国家商人的诚信问题进行了比较,他提出:荷兰人的诚信要好于英格兰人,英格兰人的诚信要高于苏格兰人,生活在商业中心的人的诚信要好于居于偏远地区的人,商人的业务量越大,交易频率越高,诚信越好。但是,也许是"由于诚信问题中人文色彩难以和经济学的机械论(或决定伦)相融合的缘故"[①],此后对企业家诚信问题的研究在经济学领域中并未得到应有的重视。另外一种解释是,企业在古典经济学与新古典经济学研究框架中被抽象为一个变量,企业理论根本就没有存在的依据。这种情况一直到 20 世纪六十年代,新制度经济学的产生才打开了关于企业家诚信研究的大门,特别是博弈论和信息经济学的发展极大丰实了该研究主题。因此,对于国外研究文献的述评,此处从典型相关研究文献出现的 20 世纪六十年代开始。

社会学对诚信问题的研究是从基于社会心理学方法所开展的人际信任研究开始的,以美国心理学家多伊奇(Deutsch)在 20 世纪 50 年代进行的囚徒困境为代表,另外还有心理学家怀特曼(Wrightman)、罗特

---

① 陈孝兵.夯实企业诚信的道德基础.求是,2002 年第 20 期,第 33 页。

(Rotter)等开展的研究。他们对诚信的理解基本依照心理学传统,将诚信理解为个人心理事件、个人的人格特质以及个人的行为,更加关注诚信的认知内容与行为表现。在 20 世纪七十年代后期,制度诚信的研究逐渐成为主流,其研究框架与新制度经济学所坚持的逻辑似趋于一致,此处主要对这方面的文献进行了总结评述。

商业诚信的相关研究必然要渗透到企业管理领域。1974 年 11 月,第一届管理伦理学讨论会在美国堪萨斯大学召开,标志者管理伦理学的正式诞生,管理学对企业家诚信的研究大致也是在这一时期扩展开来的。

综上所述,此处将从经济学方面基于理性计算的工具诚信、社会学方面的制度诚信与管理学方面的战略诚信对企业家诚信问题国外研究情况进行述评。

3.1.1　基于理性计算的工具诚信

科斯在《社会成本问题》中将诚信视为一个节约社会成本的机制,这种基于理性经济人假设的思想贯穿于经济学对企业家诚信问题的研究,并逐步形成这样一个研究框架:以产权为逻辑起点,以交易费用分析为基本工具,以通过改变决策外部影响参数作为诚信治理的策略建构思想。

威廉姆森(Oliver·Eaton·Williamson)将诚信问题与有限理性和机会主义联系到一起,按照制度经济学研究框架将商业诚信问题的研究推进了一大步。威廉姆森认为现实中的人都是契约人,人的理性是有限的,人们为了实现自我利益必然要追求机会主义。威廉姆森抓住人的有限理性和机会主义两大特征分析诚信,看到诚信对节约交易成本的作用,但他注意到诚信自身的脆弱性,因此主张通过契约规制设计进行替代。

博弈论与信息经济学的发展,推动了非对称信息条件下对诚信问题的研究,使得对企业诚信的关注更加深入行为人的过程。詹姆斯·莫里斯(Jame Mirrlees)和威廉姆·维克瑞(William·Vickery)对信息不对称条件下的诚信研究作出了开创性的贡献。信息经济学对企业失信行为的分析为委托代理理论提供了研究支持。委托代理理论认为,在现代公司中两权分离的情况下,由于信息不对称,代理人极可能在经营过程中违背委托人的利益来追求自身的利益,引发道德风险、败德风险和懒惰行为,通过不完全合约对代理人进行激励和约束是建立守信机制的基本选择。诚信研究涉及的基本问题是不同群体之间利益的均衡,博弈论方法的引入对发现诚信背后更深层次规律发挥了重要作用。相关研究借助博弈论方法得出的基本判断是,持续博弈才能形成基于稳定行为的信誉机制,而演进博弈论则进一步分析了参与人的行为与信念,认为博弈者对可能出现的均衡结果的认知影响持续博弈的结果,从而将对企业家诚信的认知更加深化。当代较早将博弈论方法引入信用问题研究的是爱德华·拉泽尔(Edwardp·Lazear),他通过一个博弈模型讨论了企业雇佣关系中的信用问题,引导人们从一个更微观的角度理解企业信用问题。但是在众多的研究中,能够说明信用对人的行为决策的影响和企业信用作用机制的经济学模型是由克瑞普斯(Kreps)等人发展起来的 KMWR 信用模型,KMWR 模型通过将不完全信息引入有限次重复博弈,论证了在不完全信息的有限次重复博弈情况下,只要博弈的次数足够多,博弈双方出于长远利益的考虑就会在有限次博弈中形成合作。此后的研究大致坚持了同样的逻辑。在各类研究中不完全契约理论创立者之一哈特(Hart)的研究结论非常有概括性,哈特认为企业讲诚信必须具备三个条件:当事人之间的重复博弈,不守信的信息传播迅速、人们有惩罚违约者的积极性。基于以上对企业家诚信的认知,对于如何促进行动者诚信,形成了较为一致的见解:通过法律或规范来改变博弈的均衡结果及当事人对博弈结果的预期,进而促进诚信行为。

3.1.2　制度诚信

社会学方面的研究立足于人的社会性,将行动者的行为嵌入特定的社会结构与社会关系,相比于经济学方面的探索,对诚信问题的研究在社会学领域具有更宽阔的视域。这方面的代表性研究成果主要有:卢曼(Niklas Luhmann)的《信任与权力》、巴伯(B. Barber)的《信任的逻辑与局限》、吉登斯(Gidden)的《现代性的后果》、福山的《信任:社会美德与创造经济繁荣》、什托姆普卡(P. Sztompka)的《信任:一种社会学理论》,及列维斯和维加尔特(Lewis & Weigert,1985)、祖克尔(Zucker,1986)、科尔曼(Coleman,1990)等人的研究。

卢曼的《信任与权力》以及《熟悉、信赖、信任：问题与替代选择》等成果是社会学对诚信问题进行研究的发端之作。卢曼从新功能主义角度界定诚信,把行动者的预期作为给各类诚信下定义的逻辑起点。他认为诚信是对风险的外部条件所作出的一种纯粹的内心估价。而且,卢曼区分了人际诚信与制度诚信,拓宽了诚信问题研究的领域。对于诚信的功能,他认为是减少社会生活和社会交往复杂性的机制,这与经济学领域的认识在内涵上是一致的。

巴伯是继卢曼之后又一位系统研究诚信问题的社会学家,其代表作是《信任的逻辑和局限》。巴伯也是从社会行动者在社会交往中彼此给予的预期理解诚信,根据行动者的预期的不同内容,巴伯将信任划分为三个层次。第一种预期是最一般的预期,行动者相信自然秩序和符合社会道德的社会秩序会得到实现;第二种预期是相信他人具备胜任社会角色的技术能力;第三种预期是相信他人在社会交往中会履行承诺。巴伯的研究将诚信与社会关系和社会制度联系起来,认为不同制度框架下,对诚信的理解及相关行为可能有冲突。

吉登斯考察了信任在不同时空环境中的变化,为分析诚信行为的社会发生机制提供了框架。在前现代情景下,诚信根植于社区、亲缘纽带和友谊的个人化信任关系中,制度化的个人纽带和非正规化的真诚与荣誉法则提供了潜在的诚信行为框架。在现代,关系不是预先给定的,而是建构起来的,这种建构意味着一个相互的自我开放的过程。

列维斯和维加尔特(1985)认为理性和情感是诚信的两个重要影响因素,认知型诚信存在于次属群体中,理性是其基础,情感是情感型诚信的基础,情感型诚信则主要存在于首属群体关系中,随着社会结构的分化,认知型诚信将成为主要的形式。

祖克尔从发生学的角度界定了诚信的三个层次:第一层次是基于交往经验的诚信,互惠性是其核心;第二层次是基于行动者具有的社会与文化的特性的诚信,强调团队成员的身份、资格和熟悉度;第三种是基于制度的诚信,这种诚信建立在规则、社会规范和制度基础上。祖克尔的研究改变了已经被广泛接受的一个假设:诚信只能从人际间的交往和熟悉度中产生。

科尔曼是一名经济社会学家,兼具经济学家理性的思维与社会学家宽阔的视角。他运用委托代理理论分析框架分析了人际诚信,同时也对宏观行动系统中的诚信问题进行了分析,他认为诚信是一种社会资本,其中涉及的基本问题是行动者甘愿冒风险自愿转让资源或资源控制权,影响行动者选择的核心因素是在交互过程中获得的利益。

福山强调社会文化因素对经济发展的重要性,在他看来,建立在宗教、传统、历史习惯等文化机制之上的诚信构成一个国家的社会资本,它直接影响甚至决定着企业的规模,进而影响该国在全球经济中的竞争力。彼得·什托姆普卡((Piotr·Sztompka)在《信任:一种社会学理论》中将诚信定义为:对他人未来可能的行动的一种赌注,什托姆普卡侧重说明了诚信的三个维度:作为社会关系的诚信、作为人格特质的诚信和作为文化规则的诚信。

3.1.3 组织诚信

自上世纪八十年代以来,对组织诚信问题的关注成为学界的热点问题。综合有关文献,组织层面的诚信研究涉及组织内诚信、组织间诚信、诚信与组织成长、组织诚信战略等四个方向。

关于诚信在组织中的功能,研究人员经常采用"催化剂"、"黏合剂"等词汇描述诚信对企业发展的意义,指出诚信是领导和部属之间的一种情感"胶合剂",认为诚信是组织内部进行有效沟通的一个根本因素,并将不诚信视为成功企业的天敌。研究组织的学者关注诚信问题,视其为组织控制的机制,具体说,是在价格与权威之外的另一种方式,学者们视诚信为管理理念和管理哲学的关键要素,视诚信为组织网络形式运转的要因。

对组织诚信构成要素的代表性研究成果来自 Bulter(1994)、Cumming 和 Bromiley(1995)。Bulter 把组织诚信的维度划分为基于认知的诚信、基于情感的诚信和基于行为的诚信,并认为组织诚信的构成要素包括 11 个方面,分别是:支持性、能力、一致性、谨慎、公平、正直、忠诚、开放性、承诺是否兑现、感受性和整体诚信。Cumming 和 Bromiley 对组织诚信的概念界定主要包括三个维度:诚信是指任何一个人或一个群体都努力在行动上遵循明确或不明确的任何承诺;诚信是指任何一个人或一群人都忠诚于协商产生的承诺;诚信是指任何一个人或一群人不谋取任何额外利益,甚至在有机可乘的情况下也一样。

对影响组织内部诚信因素的研究有 Mayer(1995)等提出的诚信整

合模型、Whitener(1998)的诚信行为影响因素模型和 Martins(2002)
的组织中诚信的影响模型。Mayer 提出影响组织内部诚信的因素是能
力、善意和正直;Whitener 提出管理者的诚信行为会直接对员工的诚
信感产生影响,而影响管理者诚信行为的因素包括:组织结构、人事政
策、组织文化等组织因素,初始互动情况、双方的预期与交易成本等关
系因素;诚信倾向、自我利益的考虑和价值观等个人因素。Martins 的
研究认为个人因素与管理实践是影响组织内部诚信的两大因素,其中
个人因素包括随和性、责任心、开放性、情绪稳定性和外倾性,管理实践
包括信息共享、工作支持、可靠性、团队管理等。关于企业对消费者、采
购商、经销商、政府等方面的诚信,通过对相关研究成果综合归纳后发
现,监控机制、关系规则、契约、相互依赖性、民族文化、组织的管理实践
能力等被认为是重要的影响因素。

　　国外文献对组织中诚信来源的研究可以归结为三种模式。第一种
模式,诚信来源于屡次参与交换的经历,即屡次发生交换的互惠性和可
靠性能够培育诚信;第二种模式建立在义务规范与社会相似性培育出
的合作基础;来源于制度的诚信则产生了第三种模式。但一种更为共
同的认识是,只有当对诚信的要求从"应该"走到"经济上的必要"的范
畴时,诚信这类的变量才能得到足够的重视。可以说,管理学对组织诚
信存在合理性的解释依然沿用了经济学"理性计算"的逻辑。

　　在如何将诚信哲学演化为企业行为方面,涌现出大量的文献资料,
这方面的研究重在为企业诚信战略选择提供帮助,对企业治理结构、文
化、组织结构、流程等方面进行了不同角度的、具有实践操作意义的研
究。代表性研究有:理查德·狄乔治的《国际商务中的诚信竞争》、乔
治·D·李维斯的《诚信伙伴——诚信的关系-双赢的策略》、林恩·
夏普·佩因的《领导、伦理与组织信誉案例——战略的观点》、萨利·毕
培和杰里米·克迪的《信任:企业和个人成功的基础》、多娜·肯尼迪·
格兰斯的《企业诚信管理工具与案例》等。这些管理实践方面的研究与
设计内容共同的涵义是:强调管理理念的善意;企业运营理念、结构、流
程等应该是保持一致的;建立同利益相关群体的沟通通道。此外,上述
对管理实践的诸多策略性的考虑能够存在的前提是管理者有执行诚信
战略的动机,否则所谓的诚信仅仅是一种公关工具,而对于如何才能让
管理者具备这样的动机,上述类型的文献没有给出明确的解释。

3.2　国内研究的情况

　　中国原本不是一个低信任度的社会,信任的破坏是从上世纪初对儒家文化的否定开始的,计划经济对产权制度的破坏和政府对经济生活的过分干预直接导致了人们的短期行为。① 信任与经济增长关系密切,基于信任产生的社会资本被认为是新经济时代经济发展的决定力量。国内对于商业诚信问题的研究就是在社会发展对社会资本强烈渴求中逐步丰富起来的。从时间点上观测,商业诚信研究大致开始于 20 世纪九十年代末期,对经济发展转型的呼声也是起自那个时期,而引入弗朗斯西斯·福山(Fancis Fukuyama)对信任研究的成果在很大程度上推动了国内对商业诚信问题的研究②。悉数各类企业诚信研究方面的文献,依据其研究对象,大致可以划分为对企业诚信发生社会机制的研究、对企业诚信行为机制的研究、对企业外部诚信关系的研究三个方面。

　　结合我国社会文化特征及社会主义市场经济建设的现实情况,国内研究人员基于社会学、经济学、心理学、历史学等视角,对诚信发生的社会机制进行了多方面的透视,近十年以来,主要的研究成果有:郑也夫的《信任论》、刘炯的"诚信的制度基础、供给机制及对策"、张维迎的《信息、信任与法律》、王春晓的"诚信缺失的经济学分析"、李玉琴的"商业诚信论"、李新庚的《信用论纲》、张缨的《信任、契约及其规制》、叶圣利的"中国诚信思想研究"、邹建平的《诚信论》、胡海鸥的《道德行为的经济分析》、王金花的"关于诚信问题的经济学分析"、郭伟华的"诚信发生的社会心理机制研究"、田义双的"诚信场域论——中国社会发展的诚信问题研究"、潘东旭和周德群的《现代企业诚信:理论与实证研究》、杨文兵的"论企业诚信的现实维度"、许以洪与戴发文的"企业诚信缺失:博弈分析和治理对策"、陈绪新的《信用伦理及其道德哲学传统研

---

① 张维迎.信息、信任与法律.北京:三联书店出版社,2016 年。
② 福山在其《信任:社会美德与创造经济繁荣》一书中将中国归为低信任度社会,这引起了国内学者的质疑,并由此引起对信任问题研究的一波高潮。

究》、史瑞杰和魏胤亭的《诚信导论》等。对诚信发生社会机制的探讨基本上综合了国外社会学与经济学对该类问题的研究框架,将诚信问题置于我国社会转型期的大背景中,提出通过社会制度与结构的调整及诚信教育来引导企业诚信行为。

对企业诚信行为机制的研究成果有:刘光明的《企业信用》、谢凤华与宝贡敏的"企业诚信的差异性研究"、夏春的"组织管理诚信的结构验证及模型建构研究"、陈松林的"基于社会认同的企业信用、薪酬策略与绩效关系——以服务业创业公司为例"、沈淼的"组织管理诚信与组织承诺之关系研究"、杨再勇与朱勇新的"员工诚信的心理结构模型与管理启示"、涂争明的"企业诚信与现代企业制度"、蔡翔的《员工—企业之间纵向信任及影响因素研究》、张庆安的"基于成本与收益视角的企业诚信问题研究"、何贵华的"论和谐社会的企业诚信评价模型系统"、罗霞与陈维政的"组织人格视角的企业诚信研究"、姚益龙的《企业信用与企业成长——理论与实证研究》、李宁琪与周津的"企业家诚信评价指标体系构成要素的实证研究"等。上述对企业诚信行为机制的研究从企业内部系统着眼,对诚信行为的影响变量、诚信行为与企业绩效的联系、促进企业诚信的对策等进行了探索性的研究。但研究者将诚信视为给定的变量,诚信决策依然是一个"黑箱",对诚信决策的内部规律并没有进行有深度的剖析;另外,对企业内部诚信行为的考察忽视了企业外部环境的影响,将决策行动者的思维空间限定于企业这个封闭的环境之内,这与实际情况偏离太远。

企业同投资人、消费者、供应商、采购商等直接利益相关群体之间的诚信关系是当前研究的热点问题,相关研究大都以博弈分析和信息经济学理论为基础,认为企业同其他利益相关者之间在诚信方面的博弈取决于决策行为的外在影响参数及可预见的利益。这方面的研究成果主要有:郝旭光的"博弈论在上市公司诚信问题研究中的应用"、邱挚的"第三方物流战略联盟信任问题研究"、刘益与陶蕾的"零售商对供应商的信任、控制机制使用和价值创造之间的关系研究"、林英晖的"供应链企业间信任研究:价值、评判与建立"、叶金凤的"企业战略联盟的诚信选择机制——短期合作的博弈分析"、周斌的"企业诚信机制形成的演化博弈分析"等。

综上所述,关于商业诚信的研究在宏观层次的社会诚信与微观层次的企业诚信方面取得了一定成果,不同学科虽然观察的角度有所差异,但研究框架基本上以经济学对诚信问题考察的逻辑为蓝本。关于诚信方面的研究只是借用了早期交易费用分析框架,是在契约是完全的这一假设下分析交易双方的行为。这种框架中存在三方面的问题:其一,大部分契约本身就是不完全的,往往是一方比另外一方有更大的权力;其二,以交易为观察对象将社会关系抽象化,虽然便于分析,但却脱离现实;其三,上述研究所考察的交易是以自由市场经济为背景的,也就是说交易双方均是有完全决策自由的主体,而在计划经济体制下,交易行为除了受到当事人的影响外,来自交易行为之外的力量同样不能忽视。因此,这种分析框架难以对企业家诚信行为进行更全面的解释。再者,国内关于诚信的研究视产权归属为主体诚信的基石,将计划经济视为诚信缺失的根源,解释视角未免过于偏狭。

如果单纯在经济领域或从市场交易的纬度去思考企业家诚信是经济问题或伦理问题,要找到一个令人满意的答案几乎是不可能的,因为在以理性计算为基本逻辑框架的范围内,没有一个最终裁量的标准。突破这种困扰的路径是将这个问题置于经济与人类社会发展的关系之中进行判断。只有明确了经济及经济体系中的企业究竟是什么,企业家诚信才能建立终极的目的以及对应的价值标准。在这一点上,中国古代儒家的诚信观为现代社会建立了参考范式。①

---

① 儒家以"天之道"为诚信的最终指向,为君子的"诚意"与"守信"行为建立了唯一的判断标准。

第 4 章　企业家诚信概念辨析

　　中国传统儒家文化中的诚与信是主要是针对君子而言的,是治国理政的大道与修身养性的法门。企业家则是当今的文化符号,不仅仅在商界,政界与教育界同样表现出对企业家精神的尊崇,20 世纪 70 年代,企业家政府理论①成为公共管理思潮中的重要一支。因此,企业家诚信不仅仅是个人的事情,着实涉及道德体系的根本。

　　但企业家的所作所为是在商业领域,交易是其主要活动内容。这不同于古时候的君子,因为君子"正其道不谋其利,修其理不计其功"②,君子是诚于"天道",信也是对"天道"的延伸,通俗的表达就是:古时候的君子也履行契约,但这个契约是对上天厚德载物的承诺,是使命而非交易。时下对诚信的探讨已经不再涉及终极追问了,主要是局限在交易的过程,并不需要考虑行为的来由和去向。在这样的背景下,应当如何理解企业家诚信这一概念呢?

4.1　企业家

　　各方面的研究基于不同的历史背景对企业家的概念进行了丰富多彩的表述。法国经济学家萨伊认为,企业家是预见特定产品的需求以及生产手段,发现顾客,克服许多困难,将一切生产要素结合的经济行为者。英国经济学家马歇尔认为企业家是不同于一般职业阶层的特殊阶层,是消除市场不均衡性的特殊力量。奥地利经济学家熊彼得将企

---

　　① 由戴维·奥斯本和特德·盖布勒在《重塑政府》一书中提出,其基本背景是当时政府官僚化掣肘社会发展,其基本主张是用企业家精神和市场机制提供公共服务。
　　② 出自西汉董仲舒的《春秋繁露》。

业家理解为创新的主体,其作用在于创造性地破坏市场均衡。美国经济学家奈特指出,企业家就是识别不确定性中的机会并承担决策结果的人。在社会学研究框架内,企业家是一种社会角色,这种角色的基本职能是整合资源、捕捉市场机会与创造"企业家租金",出资人、管理者、员工等都承担者部分企业家职能,并且都有对企业家租金提出利益要求的权利[①]。虽然企业家职能的社会分割是客观的,但科学研究需要清晰界定其分析单位,只有这样才能保证逻辑的准确、清晰与一致,因此,此处借鉴张序对企业家概念的界定。在其论文中,张序认为一个人要成为企业家,必须满足三个充分必要条件:第一,他是利用自己或他人的资本创办企业的人;第二,他是掌握企业控制权并经营企业的人,能够对决策的全部风险与后果承担最终责任;第三,他是能够发现和利用一切可能的机会实现企业创新与发展并取得成绩的人。[②] 在职务方面,根据企业家的内涵与中外企业的实际情况,企业家限于董事长、首席执行官、总裁、总经理这几个职位。

4.2　诚信

"诚"的基本含义就是真实而不自欺,即忠实于自己的真实状态,真实情况是什么就如实反映什么,不违逆自己的良心良知,不欺骗自己。从"诚"乃不自欺的角度可以说,"诚"实际上体现的是一种自信,正是自己忠实于自己的真实状态因而赢得了自己的信任,自己相信自己。孟子将"信"作为处理五种人伦关系的规范之一,西汉董仲舒将"信"与"仁、义、礼、智"并列为"五常",使其成为具有普遍意义的社会道德规范之一。"信"的基本涵义就是"不欺人"。信有两个要求:一是对人说的话要真实,二是要信守承诺。通过考察诚与信的基本含义不难发现,诚与信的含义是联系甚于区别。"诚"带有本体的意味,如孟子所讲:"诚者,天之道也;思诚者,人之道也",与本体意味相对应,"诚"侧重主体道德修养。"信"则是外显的,是"诚"在现实中的落实或反映。所以,诚与

---

① 吴启勇.现代企业家概念的内涵分析.社会科学研究,2007年第2期,第68—169页。
② 张序.企业家概念及相关问题辨析.社会科学研究,2005年第1期,第122—127页。

信是内与外、体与用的关系。中西诚信观的基本含义是相近的,都包含
尊重实际存在、诚实无欺、信守承诺等意思。但西方人的诚信更加体现
一种契约精神,强调在意见一致的基础上形成允诺与责任,并根据"公
平"、"正义"、"善意"的原则将其上升为意见人真实意图表达的行为准
则。而中国传统文化中的"诚",其对象并非是交易关系中的意思表达,
而是一种更为抽象意义的力量,即儒家一直强调的"天道"。

　　关于诚信的定义均与"正直"、"诚实"、"守信"等有关,但诚信远远
超越了上述内容,在特殊利益社会,诚信最本质的内涵体现为利益的一
致性,"我们谈及诚信的时候,指的应该是一种完善的、整体的、不可分
割的企业状态"①,这种"不可分割性"体现在利益相关者的权益要求在
企业决策过程中能够得到保证。否则,诚信仅仅能停留在合规的状态,
而合规仅仅是对企业的基本要求,就算是企业全体员工均能够完全遵
纪守法也不能保证企业完全诚信,因为合规仅仅是业绩的最低标准,只
有合规并不能达到重要利益相关者对企业的真正要求。譬如,企业有
丰厚的利润却按照国家最低工资标准支付员工薪酬,这能算是诚信吗?
企业为了明确在员工自杀中的责任,要求员工签订承诺书不采用极端
方式,这能算是诚信吗? 一家化妆品跨国企业因为投资所在国尚未建
立关于产品包装方面的完善法规,便不在产品外包装上标明产品成分,
仅仅进行宣传性的描述,而在其母国则是会标出产品成分,这能算是诚
信吗? 在消费者缺少选择的情况下,虽然交易过程中提供了充分信息,
也履行了合同,但消费者却被迫接受更高的价格,这种情况算是诚信
吗? "真"与"信"成立的首要之义是交易各方的利益是一致的,大部分
的情况下,仅仅从是否讲了真话或者是否信守承诺方面去界定诚信,往
往就忽视了诚信的本质内涵。在利益不均衡情况下的"真"与"信"是一
种虚伪,是表面的诚信,而非真正的诚信。

　　夏春等研究人员提出:诚信是指行为符合诚实、守信、诚直和精诚
内涵的程度。对这四个方面,研究人员分别给出了操作性定义:②

　　(1)诚实:实事求是,说真话,发布真实全面的信息。诚实重在对行

---

① 史瑞杰.诚信导论.北京:经济科学出版社,2009年,第51页。
② 夏春.组织管理诚信的结构验证模型构建研究.苏州大学学位论文,2005年,第
2—5页。

为主体的言语以及与语言密切相关的行为的规范和要求。

（2）守信：言而有信，言出必行，是对行为一致性的把握，要求行为必须与言语（承诺）保持一致。

（3）诚直：做事情秉公方正，不掺杂私心邪念，不妄断曲行。诚直是对言行自身的规范和要求，即言语和行为符合公平、公开和公正的原则。

（4）精诚：要求诚信的行为必须持之以恒，坚持不懈，是对行为的一贯性和可持续性的保证。

在关于诚信的各种定义中，夏春等人提出的概念更加精确并贴近诚信的本质，而且，研究人员运用科学方法建立并检验了诚信概念价值模型，因此，此处选择上述成果作为建构诚信概念的基础，并对这个概念提出如下修正。

第一，诚信的概念中除了上述四方面内容外，还应当包含"平等"的成分，即行为主体之间具有对等的缔结契约的权力，这是对行为人资格身份的规定与要求，是对契约双方互动关系的特征描述。在后续的研究中，研究将平等的涵义同诚直的涵义相融合，以诚直的概念进行体现。

第二，精诚的意义不仅表现为"持之以恒"，而且体现在系统的完整性与一致性，即诚信原则与行为表现的一以贯之。基于不完全契约的博弈分析是商业诚信研究的一般框架，这种框架的一个假设就是参与主体是有自由选择权的，但在现实的世界中，交易各方往往是不平等的，忽视了契约主体资格身份的平等性，奢求交易过程的诚信，无异于镜里看花。因此，在诚信概念内涵中增加平等方面的成分，有利于建构基于不完全契约下的企业家诚信研究框架。

综上所述，诚信应当涵盖诚实、守信、诚直、精诚四个方面内容。其中，诚实和守信是从行为结果的角度对行为进行规定，即要求行为和言语的最终结果或表现形式能体现诚信的原则；诚直是从行为过程及手段等方面对行为进行规定，即要求行为过程及行为的手段必须正直、不妄断曲行，诚直包含平等的涵义，平等是对行为人资格身份的规定，要求缔结契约的各方具有对等的权力；精诚是从行为的长期一贯性和一致性的角度对行为进行的规定，要求行为应具有完整性。

4.3　企业家诚信

诚信有个体诚信、组织诚信与社会诚信之分,反映了诚信在社会系统中的不同层次。个体诚信的基本内涵在于品质与行为特征,以及与个体诚信相关的规范与文化集合。组织是一个集合体,其行为体现在组织向社会的输出,包括最终产出及过程对利益相关者的直接或间接的影响,因此组织诚信的基本内涵在于其决策过程及结果在诚实、守信、诚直与精诚等方面的实现程度。拥有共同的传统、价值观、习俗、集体利益追求的一个社区、一个民族或一群人都可以被称为社会,社会诚信的本质是利益的均衡性,基本表现形式是围绕利益和责任配置规则建立起来的以标准、规范、文化、习俗等为基本实现方式的社会契约关系状态。个体诚信是社会诚信体系的基础,组织诚信则是联系个体诚信与社会诚信的通道,是宏观与微观意志得以表达和演化的途径。

企业家诚信兼具有个体诚信、组织诚信与社会诚信的成分。企业家个人诚信品质与行为特征属于个体诚信范畴。作为具有影响力的群体,企业家群体行为对社会诚信系统的建设有更宏观的意义,从这个层面来观察,企业家诚信则进入了社会诚信领域。企业是企业家在特定约束条件下决策行为的结果,企业家是企业决策制定、组织实施与结果的承担者,其行为表现是企业行为的一种存在形式,因此企业家诚信还是组织诚信领域的内容。为了明确界定研究范围,此处从组织诚信的角度界定企业家诚信,将企业家行为作为考察企业诚信的窗口。

根据以上对相关概念的界定,企业家诚信具有以下几方面的内在规定性:

第一,它是企业内董事长、首席执行官、总裁、总经理等成员构成的特定群体的行为;

第二,企业家诚信是通过企业管理决策表现出来的;

第三,企业家诚信是企业家决策行为符合诚实、守信、诚直与精诚内涵的程度。

企业家诚信具有如下特征：

第一，企业家诚信具有人格性。在罗马法中，"信用"是人格的一部分，具有法律和社会身份、地位方面的人格性。中国民法草案在人格权方面增加规定了信用权，是对信用兼具权利能力性质的充分肯定。因而企业家诚信也体现为一种人格权，具有一种道德上的人格利益。

第二，企业家诚信具有财产性。在现代社会，信用从人格利益向财产利益转化，同时兼具人格性和财产性并且财产性日益突出，可以说企业家诚信就是以其财产多少作为衡量基础的。因此，企业家应视信用为最好的竞争手段，视信用就是金钱，把信用看成一种可以产生经济价值的资源和一项获利的工具，一种生产力。同时从资产的角度来看，企业家诚信本身就是一种无形资产。

第三，企业家诚信具有社会性。不可否认，社会的文明进步需要信用的维系作用。在任何一个社会，良好的信用意识无疑会促进社会的协调发展，减少利益冲突，维护社会稳定。因此，企业家诚信作为社会信用的有机组成部分，其水平的高低对整个社会有至关重要的影响，同时整个社会的信用水平也会对企业家诚信产生反作用。

第四，企业家诚信具有信息性。因为信用具有信息化的特点，信用成为一种可以量化的信息和一种信息服务机制及信息监督机制。同理，企业家诚信也是一种可以量化的信息，当然作为个人信用评价和企业信用评价的结合体，对企业家诚信的评价在实际操作上需要综合以上两个方面的内容，避免信息搜集的失真。

第五，企业家诚信具有工具性。中国改革开放之后日益严重的信用危机客观要求尽快重塑企业家诚信。但在缺少终极信仰的、碎片化的社会，对于究竟什么是"真实"这个问题没有一致性的解释，答案依赖于交易双方谈判的能力，这种背景下，诚信对于商业不过是一种工具。

企业同各类利益相关者之间的关系大致可以划分为内部关系与外部关系，外部关系是基于交易而产生，表现为企业同供应商、经销商、消费者、社区、政府等方面的互动，而内部关系的形成则有更加复杂的情况，因此企业应对内、外关系的决策有显著差异。据此，企业家诚信可以划分为两种基本类型：企业家内部诚信与企业家外部诚信。

4.4　企业家诚信与企业诚信

公司是现代企业的代表,法人财产制度是其核心,也就是说公司在成立的时候就具有"公司人格"。在法律承认企业有独立的"人格",这是商业领域的重大革命,对促进市场经济的发展起到了至关重要的作用。公司人格的庇护同时带来经营者的胆大妄为,借助公司人格逃避责任、作奸犯科的事情也就成了市场经济的一种典型现象。公司人格否认制度[①]就是为了应对这种现象而产生的。在法律上,企业家有独立的人格,企业也有独立的人格,虽然企业家的行为对企业的运行有重要影响,但两者仍然是有清晰的界限的。

按照前述定义,企业家是一类在企业中居于重要职位的人,掌控着资源与权力。但除非企业是个体经营者,否则企业家的行为必然处于政治网络之中。来自于其他股东、管理人员、员工、消费者、政府等方面的力量影响着企业家的选择。

4.4.1　企业家诚信是企业诚信的基础

企业家是企业决策的核心,在企业人、财、物、信息等各个管理层面都有直接的影响,是企业行为规则的直接制定者,在很大程度上,企业体系是企业家行为的演绎。所以,很多企业往往与某个或某几个企业家是直接联系到一起的,譬如,海尔与张瑞敏、阿里巴巴与马云、娃哈哈与宗庆后、国美与黄光裕等等。因此,企业家诚信是企业诚信的基础,是企业诚信中非常关键的一个层次。早在 20 世纪 60 年代,鲍姆哈特开展的一项关于组织中影响道德行为的因素的调查结论表明,上司行为在所有影响因素中排名是第一位,70 年代布伦纳和莫兰德利重复了上述研究,并进一步确定了上述判断。[②] 李伟(2002)在其文章"企业家信用对企业组织信用影响机制"中对领导性用对组织信用作用机制的

---

① 当公司人格的概念被用来妨害公共利益,使违法行为合法化,保护欺诈或为犯罪行为辩护时,法律将视公司为多数人的联合,股东的责任也由有限责任转为无限责任。

② 阿奇 B.卡罗尔,安 K.巴克霍尔茨.企业与社会.北京:机械工业出版社,2004 年

研究进行了回顾。Vitell 和 Davis 证实了员工对于领导的诚信认知和他们的工作满意度之间具有较强的正相关关系。Paine 认为,组织成员在认为领导具有信用时,将会以自己的组织为荣,并将自己看作是这个组织的成员。也就是说,领导讲求信用,会使员工增强归属感。施桂荣、浦光博、陶向京和时巨涛则通过领导诚实性尺度中文版(PLIS-C)的讨论和分析,证明了领导的诚实性行为对员工的影响,认为员工若认识到自己的领导是一个诚实而正直的领导,其对组织的归属意识就会增强,工作积极性也会提高。[①]

4.4.2 企业诚信是企业家诚信的微观场域

观察与分析商业中各类诚信案例能发现这样一种现象。有一些企业家,其个人在生活中一诺千金,有非常好的诚信品质与社会声誉,但就是这些非常诚信的人在企业管理中会很自然地采取有悖诚信的策略,例如,在广告中夸大宣传自己产品的功能,采取贿赂的方式获取政治资源,要求财务人员设法逃避税收,等等。人的每一个行动均被行动所发生的场域所影响,场域并非单指物理环境而言,也包括他人的行为以及与此相连的许多因素。企业自身的微观环境,以及基于交易而产生的企业与社会相关群体的联系,构成了一个场域,企业家诚信行为受到这个场域的影响。企业家个体往往具备多重社会角色,每种社会角色都有其存在的特定场域,例如家庭、社区、企业、学校等等,在不同的场域下,企业家行为并非是一致的,因此,诚信的人未必就是诚信的企业家。企业家决策是在企业的规模、竞争能力、成员素质、文化秉性、治理结构等要素的约束下做出的,并非是企业家个人随心所欲的结果,企业诚信可以说是各方面力量平衡后的结果,企业家仅仅是一种一股力量,虽然是很重要的力量,但却不是唯一的。因此,企业家诚信与企业诚信可能存在不一致或是冲突。

---

① 李伟.企业家信用对企业组织信用的影响机制研究.南开管理评论,2002 年第 2 期,第 19—22 页。

第 5 章　企业家诚信研究框架

冯友兰对于国人文化观念的转变有如下观点：

我们近百年来所以到处吃亏，并不是因为我们的文化是中国的，而是因为我们的文化是中古的。所以，从"西化"概念到"现代化"概念的改变，表示近来人的一种见解上的改变，而非仅仅是名词上的改变。

传统儒家文化对"诚"与"信"的诠释充满了理想主义的色彩，带有春秋战国时期儒者对黄金时代的浓浓眷恋，这种眷恋一直延续的今天。西方诚信观念渐渐被国内更多人接受，但基于对交易行为过程中利益计算的诚信同人们灵魂深处所期待的诚信有太大的差距，这又进一步唤起国人对传统儒家文化中诚信理念的向往。一方面是来自于传统文化的深刻影响，一方面是来自现代市场经济潮流的强大冲击，企业家诚信观在两种力量的冲撞中萌芽、生长。

学界的研究框架更偏爱西方的诚信认知体系，就如同大多数人认同自由市场经济，这背后是人们对冲破原有畸形计划体制约束的冲动。但没有终极信仰的诚信只不过是换取最大利益的工具，在短暂的均衡状态下，此种诚信是可以实现的。遗憾的是，均衡永远是短暂的、局部的，如此，诚信则成为奢侈品。所以，究竟将诚信视为规范社会发展的原因还是视为社会自我调适的结果，这是需要在研究框架中进行明确的。

5.1　对既有研究框架的反思

英国法学家梅因有一个著名的判断："所有进步社会的运动，到此处为止，是一个从身份到契约的运动。"①正经历重大社会转型的中国

---

① 梅因.古代法.北京：商务印书馆，1984 年，第 96—97 页。

社会在很多方面表现出向契约社会发展的倾向。诚信是与契约密切相关的概念,因此,伴随着契约社会逐步发展的节奏,对诚信问题的研究成为热点。虽然诚信在中国传统文化中占据极为重要的地位,甚至曾一度被上升为基本伦理纲常的高度,但在现代社会情景中,诚信之于中国社会发展的意义的确面临重塑的任务。

赫伯特 A. 西蒙认为,分析组织和组织内部其他因素如何影响职员的决策和行为是我们洞察组织结构和组织职能的最佳途径。而关于商业诚信研究的主要文献一般将企业抽象为一个外部变量决定的函数,没有对企业诚信决策过程进行剖析,企业诚信决策"黑箱"被假定为不存在的。在商业诚信研究领域,如何深入透视企业决策过程,发现诚信决策者的行为动机、目标、过程、路径、策略等微观活动规律,对提升企业业绩及改善诚信社会治理都具有非常积极的意义。企业家是企业的决策核心,是代表各方面利益相关者签订与执行契约的关键,因此,选择从企业家决策角度观察企业诚信行为更能发现问题的实质。然而,相关的研究仍然坚持以企业为分析单位,将更多的注意力置于企业诚信表现,而不能深入其决策机制;在研究框架方面,因为理论分析假设过于偏离现实情况,忽视了契约本身的不完全性,故而难以对商业诚信问题进行更全面的解释。

5.1.1　企业家诚信与研究内容

商业诚信的相关研究以"交易"或"交往"为分析对象,研究重点在于不同群体间诚信关系的属性及影响因素。对企业家诚信方面的研究散布其中,在这些文献资料中,企业诚信与企业家诚信并没有进行区分,研究内容主要有诚信内涵、诚信关系影响因素、诚信行为发生机制、诚信社会治理等。

对商业诚信的研究虽然有悠久的传统,但系统的研究是伴随着市场经济的发展逐步深入的,这一点在国内外是一样的。从起始时间来看,国外大致开始于 20 世纪 60 年代后期,国内则是在 20 世纪 90 年代末期开始这方面的探索。有相当一部分商业诚信方面成果来自于对信任问题的研究领域,诚信与信任两个概念虽然在语义方面有差异,但通过对来自不同成果的信任概念的总结可以发现,在研究过程中,信任与诚信在内涵方面具有显著的一致性。在市场经济尚未发展之前,对于诚信的理解是从道德层面展开的,诚信是行动者的目的,而在市场经济相对成熟的时期,诚信则更具有工具意义,被认为是获取最大利益的手段。在商业诚信研究的文献中,对诚信的定义均与"正直"、"诚实"、"守信"等有关。夏春(2005)等研究人员提出:诚信是指行为符合诚实、守信、诚直和精诚内涵的程度,对这四个方面,研究人员分别给出了操作性定义:诚实指实事求是,说真话,发布真实全面的信息,重在对行为主体的言语以及与语言密切相关的行为的规范和要求;守信指言而有信,言出必行,是对行为一致性的把握,要求行为必须与言语(承诺)保持一致;诚直指做事情秉公方正,不掺杂私心邪念,不妄断曲行,是对言行自身的规范和要求,即言语和行为符合公平、公开和公正的原则;精诚是要求诚信的行为必须持之以恒,坚持不懈,是对行为的一贯性和可持续性的保证。在关于诚信的各种定义中,夏春等人提出的概念更加精确并贴近诚信的本质,而且,研究人员运用科学方法建立并检验了诚信概念价值模型。

对影响组织内部诚信因素的研究有 Mayer(1995)等提出的诚信整合模型、Whitener(1998)的诚信行为影响因素模型和 Martins(2002)的组织中诚信的影响模型。Mayer 提出影响组织内部诚信的因素是能力、善意和正直;Whitener 提出管理者的诚信行为会直接对员工的诚信感产生影响,而影响管理者诚信行为的因素包括:组织结构、人事政策、组织文化等组织因素,初始互动情况、双方的预期与交易成本等关系因素;诚信倾向、自我利益的考虑和价值观等个人因素。Martins 的研究认为个人因素与管理实践是影响组织内部诚信的两大因素,其中个人因素包括随和性、责任心、开放性、情绪稳定性和外倾性,管理实践包括信息共享、工作支持、可靠性、团队管理等。关于企业对消费者、采购商、经销商、政府等方面的诚信,通过对相关研究成果综合归纳后发现,监控机制、关系规则、契约、相互依赖性、民族文化、组织的管理实践能力等被认为是重要的影响因素。

经济学、社会学、管理学三大领域对诚信发生机制的分析基本是一致的,即诚信是行动者在比较短期与长期可获得利益的过程中做出的理性选择。在众多的研究中,能够说明信用对人的行为决策的影响和企业信用作用机制的经济学模型是由 Kreps(1982)等人发展起来的KMWR 信用模型,KMWR 模型通过将不完全信息引入有限次重复博弈,论证了在不完全信息的有限次重复博弈情况下,只要博弈的次数足够多,博弈双方出于长远利益的考虑就会在有限次博弈中形成合作。对组织中诚信来源的研究可以归结为三种模式。第一种模式,诚信来源于屡次参与交换的经历,即屡次发生交换的互惠性和可靠性能够培育诚信;第二种模式建立在义务规范与社会相似性培育出的合作基础;来源于制度的诚信则产生了第三种模式。

综合研究人员对企业诚信社会治理的诸多见解,教育、规范、服务是企业诚信社会治理三条路径。通过教育提高企业经营管理者的诚信意识与管理能力,被认为是解决诚信困境的根本,几乎所有的研究都承认,再完善的制度在人的智慧面前都是可以寻到间隙的。沿袭对企业诚信发生机制的分析逻辑,规范主要是通过惩罚失信行为,增加其交易成本,从而改变企业在博弈中的选择。发展征信服务体系是企业社会诚信治理的第三个支点,其意义主要表现在两个方面,一是为政府执行规则提供技术支持,二是将社会力量纳入诚信管理体系之中。

5.1.2　理论基础与分析框架

以往对企业家诚信的研究主要以信息经济学、博弈论和社会心理学为理论基础,结合了法学、伦理学、组织行为学、社会契约理论等方面的分析逻辑与方法。

契约均衡是诚信涉及的基本问题,因此博弈论和信息经济学的发展大大推动了"非信息对称下的诚信"的理论研究。信息经济学研究的是信息不对称条件下行动者之间的决策选择问题,按照信息经济学的分析路径,失信分为两类:一类是因为隐藏知识而产生的,另一类是因为隐藏行为而产生的,如果信息对交易各方都是对称的,则交易各方可以通过签订完备契约,从而减少甚至杜绝失信行为的发生。因此,企业守信机制建立的关键是保证交易过程中的信息对有关各方是充分的、对称的,政府应该惩罚为了获得短期利益而失信的行为,鼓励企业为了长期利益而讲诚信。这方面研究的经典模型是 Kreps、Wilson、Milgrom、Roberts(1982)提出的声誉模型和 Holmstorm(1982)提出的代理人市场——诚信模型。

社会上每一种地位都伴以为社会所要求的一套行为模式、义务和声望。在社会学方面,人的行为和心理是环境与人的函数,嵌入于社会关系与社会结构之中。依据社会心理学的研究思路,社会认知是主体形成诚信观念的基础。主体对于大量诚信事件由表及里、由潜入深的认知,获取诚信的表象及内涵,经过其主观性体验或客观性判断,从而获得自己对诚信的理解和判断,进而形成诚信观念,产生相对稳定的价值观;主体诚信行为是在社会互动中形成的,在包括诚信在内的社会道德互动中,社会群体寄予个体道德期待与暗示,个体受到相应的感染并进行有意或无意的模仿。关于诚信发生的动机,基于社会心理学视角的研究认为,对利益的追求是直接驱动力,虽然在社会学方面“利益”不仅限于物质层面,但其寓意仍然是以“自我”为中心的。正如爱德华·威尔逊在其《社会生物学:新的综合》中所言:人的利他行为的多数表现,说到底都含有自私的成分。诚信的社会态度与社会行为是否一致取决于主体对诚信“正当性”的判断,而这种判断则是基于对行为结果的预期。

　　综合上述分析,以往对企业家诚信问题的分析框架(如图 5-1),在各个学术领域基本是一致的,基于诚信与契约之间的密切联系,交往或交易是基本的分析对象,行动者在人际关系与社会制度结构交织构成的场域中对行为的“正当性”做出预期判断,从而决定是否选择诚信行为。在此分析框架中,行动者具备充分的自由与选择权力,利益的最大化是其对不同选择进行考量的核心标准。因此,研究的重点在于交易过程本身,交易形成过程中包含的诚信问题并不是重点,而且在此框架下,行动者之间的关系是观察企业家诚信行为的唯一窗口,行动者自身的结构与诚信选择的关系反倒被忽视了。

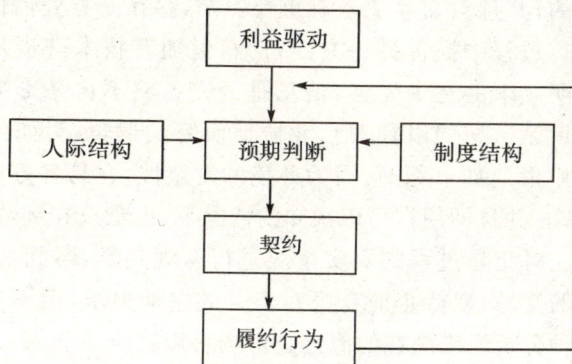

图 5-1　以往企业家诚信理论分析框架

5.1.3   企业家诚信理论分析框架存在的问题

对交易过程中企业家诚信问题的研究假定契约是在自由、平等的条件下产生的,对契约履行过程中的诚信行为进行了比较全面的解释。此种假设简化了诚信问题所处情景的复杂性,虽然有利于观察,但却割断了同客观世界的联系。

第一,对契约不完全性的界定过于狭窄

虽然承认契约的不完全性,但以往研究主要是从信息是否完备的角度定义契约的完全性,权力、有限理性、谈判成本等对诚信行为选择有重要影响的因素被认为是不重要的。诚信的内涵不仅仅限于"守信",其根本的意义在于"诚","诚"的根本意义则存在关系各方利益的一致性。单纯从信息是否完备的角度去理解交易过程中的诚信行为,实际上已经偏离的诚信概念的最初含义,研究逻辑也就远离了其存在的依据。现实的情况是,权力、有限理性、谈判成本等对契约的形成有重要影响,直接决定了契约是否符合诚信标准。即使是在信息完备的情况下,签订不诚信契约的行为仍然大行其道。譬如员工明明知道企业提供的工资低于应得标准,但因为就业选择性比较低,也会被迫选择签订劳动合同。再如处于垄断地位的企业可以用高价格销售自己的产品,没有什么可以隐藏的信息与行为,只是因为它是这个市场的垄断者,难道这种契约关系是诚信的吗。虽然在商业世界中,信息的不完备是客观存在的,并且对交易关系有重要影响,存在一方凭借信息优势在契签订与执行过程中损害另一方的行为,但随着技术进步及对交易过程中信息透明要求的逐步完善,信息是否完备将不再是影响诚信行为选择的主要因素。按照以往对企业诚信研究的逻辑,对如何实现交易过程的诚信则形成如下判断:因为环境的复杂性,交易各方难以预知可能出现的变动,并且即使在可以预知的情况下,也难以在契约中明确,第三方更是不能对交易过程的真实情况进行客观判断,因此,企业诚信只能期待重复的交易,期待企业自身对声誉的主动追求,而不能指望外部的治理。此种分析思维潜在的假定是市场可以进行自我调试的,实际上是秉承传统自由经济学的逻辑前提。如果行动者都是善意的,似乎一切都会很简单,但事实并非如此,因为声誉并不是在重复交易中建立起来的,是在交易各方有充分的评价与选择权力的基础上建立起来的。

第二,不能揭示企业诚信决策的内在规律

在以关系为中心的研究中,企业诚信决策的主体被高度抽象化,哪些人参与了决策、经历了什么过程、是什么影响群体间的互动等问题没有受到关注,仿佛企业诚信决策单纯受到契约签订双方的影响。在有关企业与外部群体之间诚信关系的研究中,诚信决策被视为企业与外部群体之间博弈的结果;在有关企业与员工之间的诚信关系的研究中,诚信决策被视为企业与员工之间的博弈。那么,在这些研究中的"企业"究竟是谁? 交易的结果真的如同理论研究表述的那样是"企业"与有关方面博弈产生的吗? 实际则并非如此,"企业"是一个利益综合体,是需要细分的概念。一个企业对一项交易活动的反应往往是多方交互作用的结果,参与的人可能有当事人、企业高层管理者、第三方协调机构等,他们面对同样的交易行为会持有不同的见解与立场,会有自己特定的利益诉求,最终形成的决策结果经历了非常复杂的过程。如果不能深入剖析决策者自身的构成及活动规律,就不能对交易主体进行客观的判断,不能清晰理解决策所处的场域结构,就很难对决策规律做出正确解释。

5.2　对既有研究框架的修订

基于对以往企业家诚信分析框架的解析,笔者认为应当基于不完全契约的客观实际,对企业家诚信概念的内涵进行丰富,并建立能深入企业家诚信决策内部的研究框架。

5.2.1　丰富企业家诚信概念内涵

"诚"的基本含义就是真实而不自欺,即忠实于自己的真实状态,真实情况是什么就如实反映什么,不违逆自己的良心良知,不欺骗自己。从"诚"乃不自欺的角度可以说,"诚"实际上体现的是一种自信,正是自己忠实于自己的真实状态因而赢得了自己的信任,自己相信自己。"信"的基本涵义就是"不欺人"。信有两个要求:一是对人说的话要真实,二是要信守承诺。通过考察诚与信的基本内涵不难发现,诚与信的含义并没有大的不同,反而是联系甚于区别。"诚"带有本体的意味,如孟子所讲:"诚者,天之道也;思诚者,人之道也",与本体意味相对应,"诚"

侧重主体道德修养。"信"则是外显的,是"诚"在现实中的落实或反映。
在特殊利益社会,诚信最本质的内涵体现为利益的一致性,"我们谈及诚
信的时候,指的应该是一种完善的、整体的、不可分割的企业状态",这种
"不可分割性"体现在利益相关者的权益要求在企业决策过程中能够得
到保证。在权益不均衡情况下的"真"与"信"是一种虚伪,是表面的诚
信,而非真正的诚信。以往研究主要集中于对"信"的探索,对诚信最本
质的成分却有所忽视。此处选择夏春等人的成果作为建构诚信概念的
蓝本,并对这个概念提出如下充实与修正。第一,诚信的概念中除了上
述四方面内容外,还应当包含"平等"的成分,即行为主体之间具有对等
的缔结契约的权力,这是对行为人资格身份的规定与要求,是对契约双
方互动关系的特征描述。第二,精诚的意义不仅表现为"持之以恒",而
且体现在系统的完整性与一致性,即诚信原则与行为表现的一以贯之。

5.2.2   深入企业家诚信决策过程

企业家是企业契约关系的主要缔结者与执行者,在既有的研究中,
企业家与企业近乎是同一个概念。为了从更深层次认识企业诚信决策
规律,需对企业家概念进行更为精确的定义,从而明确企业家诚信决策
所处的力量格局。为此,相关研究需要重视企业家诚信决策面临的权
力结构的影响。由于企业是一个不完全契约,当不同类型的财产所有
者作为参与人组成企业时,每个参与人在什么情况下干什么、得到什么
并没有完全明确说明;正是由于契约中存在着的"漏洞",产生了剩余权
利,这种剩余控制权的配置通过企业治理结构来实现。[①] 这种对剩余
控制权的配置结构形成了企业家决策的特定场域,通过这个窗口才能
够更加清晰的透视企业家诚信行为是如何产生的。关于这一层次目
标,本研究将通过案例研究的方式,对企业家诚信决策进行深度解析,
以获取更为确切的认知。

5.2.3   立足不完全契约的客观现实

来自于 Kreps(1990)及 G-H-M 理论框架从预期判断的不可预见

---

① 张景华.公司治理结构中的控制权配置:基于不完全契约理论的视角.经济论坛,
2009 年第 5 期,第 4—5 页。

性诠释企业不完全契约的性质,并得出物质资本所有者应该掌握剩余控制权的结论,因为声誉是引导企业选择诚信的基本动因,而只有那些对资产具有剩余控制权的组织或个人才能建立起声誉。[①] 如前所述,即使是在双方对未来的收益预期有完备信息的情况下,契约的不完全性仍然是难以避免的,即使是在交易行为可以长期重复发生的情况下,失信行为仍然在根本上是存在的。在物质资本控制强权的情况下,真正的诚信更是无从谈起。因此,对企业家诚信决策的研究需要在修正不完全契约理论的基础上进行,真正体现客观现实情况。

　　针对以往研究的不足,此处提出如下研究框架(如图 5-2)。此分析框架强调将研究重点向决策环节延伸,关注决策过程内部的互动,而不仅仅聚焦于对交易关系本身特征的描述,使得研究更加符合诚信的本质特征。此外,该框架坚持从场域的视角进行观察,将人际关系、制度框架与权力结构因素作为企业家诚信决策场域的基本构成内容,而不是单纯地从信息完备性层面判断契约是否完备,虽然这种操作增加了研究的难度,但却是符合现实发展趋势的有益探索。

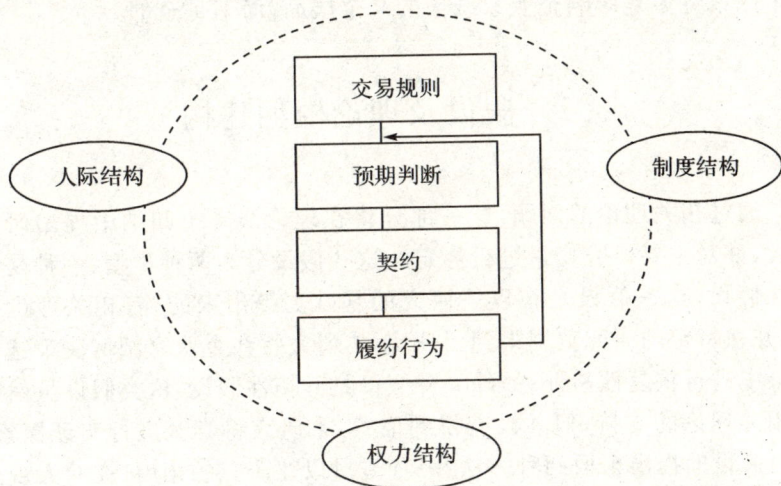

图 5-2　基于不完全契约的企业家诚信分析框架

　　[①] 虞慧晖,贾婕.企业的不完全契约理论述评.浙江社会科学,2002 年第 5 期,第 185—186 页。

第6章 企业家诚信实证分析

　　本章在理论回顾与预调查的基础上提出了研究假设及概念理论模型,然后对变量进行了具体解释;在前人研究基础上,经过探索性研究,提出了研究所需的测量问卷,通过对48份小样本的前测分析,笔者改良了功利主义导向、外部约束、权力集中度等测量项目的质量。新的测量量表具备较高的信度与效度,并符合进行因子分析的条件要求。

　　通过大样本调查,运用统计分析方法对研究所提出的理论模型进行检验。研究发现功利主义导向、利益相关者能力、外部制度约束、个人利益导向、企业竞争能力、权力集中度对企业家诚信有显著影响,但每个因素更多是影响企业家诚信的某个层面,而不是全部。

6.1　假设及理论模型建构

　　通过相关理论的回顾,这一部分将在理论演绎与归纳中提出研究假设,并对主要研究变量进行界定。这些假设分为两种类型:一种是验证性假设,这一假设是在以往研究的基础上提出来的,有相关理论支持,并在特定的研究范围得到了证实,本研究将在企业家诚信决策这一情景中进行重复性验证;另外一种假设是开拓性假设,这类假设虽然得到相关理论的支持,但并没有得到证实,本研究将尝试进行实证探索。研究假设的提出采取两种方法:一种是对以往研究的拓展,在前人观点基础之上进行逻辑演绎;另外一种方法是借助预调研,通过对调研信息的归纳,并结合理论分析,提出假设判断。在研究假设开发的基础上,本部分提出了企业家诚信的理论模型,为后续研究提供依据。

　　广义企业信用的构成要素除了企业履行承诺的能力和意愿外,还应当包括企业履行承诺的范围和社会对企业信用的认知程度。[①] 对企业信用的分析多以狭义的角度为切入点,各学派关于企业信用要素众说纷纭,主要有"3C"说、波士特"4C"说、爱德华"5C"说、"6C"说、德里克"3F"说、"6 次要素"说、"6A"说、"5P"说、"10M"说等观点。[②] 从来自社会学、经济学与管理学等关于企业信用方面的研究分析,总的来说,一般形态的信用是泛指一切与约定(规定、承诺、契约、誓言等)有关的社会伦理关系及相应的规范要求和品行,它有两种表现形式:规则信用与承诺信用。规则信用是一定条件下的一种普遍性的约定形式,包括由这种规则引发的关联方式、守规要求及其相应的品行;承诺信用是一定条件下的一种个别性的约定形式,包括由这种承诺引发的特定的权利和义务关系。据以上关于信用形态的概括,信用的构成要素包括利益需求、信任心理、约定形式、规则要求、践行约定、价值评价(王淑琴,2005)。[③]

综合各方面研究的共识,结合本项目对企业家诚信概念的界定,论文选取夏春(2005)提出的概念模型对诚信进行的维度划分,即从诚实、守信、诚直、精诚四个维度对企业家诚信进行观测。诚实指实事求是,说真话,发布真实全面的信息,重在对行为主体的言语以及与语言密切相关的行为的规范和要求;守信指言而有信,言出必行,是对行为一致性的把握,要求行为必须与言语(承诺)保持一致;诚直指做事情秉公方正,不掺杂私心邪念,不妄断曲行,是对言行自身的规范和要求,即言语和行为符合公平、公开和公正的原则,并强调主体身份的平等性;精诚是要求诚信的行为必须持之以恒,坚持不懈,是对行为的一贯性和可持续性的保证,同时也是对系统一致性的要求。

在夏春(2005)、魏伟(2004)、范晓萍(2005)等对诚信概念的综述中,诚实、守信、诚直、精诚之间的关系被认为是正相关的。诚实表征企业家诚信行为"真"的一面,守信则反映了企业家诚信行为"信"的一面,诚直概括了企业家诚信行为"公"的一面,精诚则从"恒"的层面进行表

---

①　姚益龙.企业信用与企业成长——理论与实证研究.北京:经济管理出版社,2009年,第 7 页。

②　刘光明.企业信用.北京:经济管理出版社,2003 年,第 56 页。

③　王淑琴.信用伦理研究.北京:中央编译出版社,2005 年,第 7 页。

达,可以说,缺少任何一个层面的意义,企业家诚信都是残缺不全的。
这四个方面相互依存、彼此影响,任何一方面出现问题都会影响对企业
家诚信行为的积极评价。于是得到如下假设:

H1a:诚实与守信之间正相关。

H1b:诚实与诚直之间正相关。

H1c:诚实与精诚之间正相关。

H2a:守信与诚直之间正相关。

H2b:守信与精诚之间正相关。

H3:诚直与精诚之间正相关。

借鉴以往研究成果,本项目在企业家诚信行为影响因素相关文献
检索的基础上,结合预调查探知企业家诚信的影响因素。2009 年 6
月,笔者对 40 位企业家进行了访谈,调查中,笔者就企业诚信决策的基
本概念同被访者进行沟通,在此基础上,请被访者列出 3 个以上影响他
决策诚信的因素。对于收集的信息,笔者将意思相近或者相同的因素
归为一类因素,然后将这些因素再次进行归类,因素归纳情况如表 6-1
所示。根据调查结果,在这些因素中,出现频次由高到低分别为功利主
义导向(31)、个人道德素质(29)、利益相关者能力(29)、外部制度约束
(28)、个人利益追求(20)、竞争能力(18)、权力集中度(17)、组织目标
(7)、交易性质(5)、人际关系(2)、信用中介服务(2)、沟通方式(1)。本
研究选择出现频次最高的前 7 个因素作为前因变量,它们是功利主义
导向、个人道德素质、利益相关者能力、外部制度约束、个人利益追求、
竞争能力和权力集中度。

表 6-1 预调查影响企业家诚信决策的因素

编号	因素名称	出现频次	频率
1	个人利益追求	20	10.58%
2	组织目标	7	3.70%
3	交易性质	5	2.65%
4	功利主义导向	31	16.40%
5	人际关系	2	1.06%
6	沟通方式	1	0.53%

续表

编号	因素名称	出现频次	频率
7	权力集中度	17	8.99%
8	竞争能力	18	9.52%
9	个人道德素质	29	15.34%
10	外部制度约束	28	14.81%
11	信用中介服务	2	1.06%
12	利益相关者能力	29	15.34%
	合计	189	100%

注:根据调研资料整理。

6.1.1　功利主义导向

人是社会的人,从这个意义上说,社会品德是个人品德发展的前提。社会价值是引导人们行为的航标器,而社会成员的信用缺失,与社会价值体系的紊乱无不相关。按照社会学理论,每个人在社会中都扮演着特定的角色,角色期望来自于社会的认同。社会价值体系提供了角色期望的基本框架,构成了个人行动的基本参照体系,规定着个体行动的方向与行为方式。在访谈中了解到,企业家们对非诚信行为有相当大的宽容,谈及当前发生的典型失信案例,大多报以一笑,往往以一句"社会就是这样"作为回避的借口。现代社会在经济主义、消费主义、享乐主义、金钱主义的催生下,在大众文化中涌动的是一种世俗化的功利性价值观,这种价值观的目标常常是物质财富形态、权力、地位等可感觉的、可见的东西,而且这种价值观的特征是获取、占有,以致凡是有助于这些世俗性价值观实现的行为方式,就会得到人们的欢迎、奉行和追捧,相反无助于或削弱人们增益这些价值目标实现的行为类型就会受到排斥,哪怕是其是合乎道德的。在这种经济主义导向的价值观念支配下,诚信与利益的关系发生扭曲,通过失信获取经济利益的行为大行其道。

H4a:功利主义导向越突出,企业家诚实度越低。

H4b:功利主义导向越突出,企业家守信度越低。

H4c:功利主义导向越突出,企业家诚直度越低。

H4d:功利主义导向越突出,企业家精诚度越低。

6.1.2 个人道德素质

"美德的软弱性"在现代社会情境中表现的日益突出。陈绪新(2008)在其研究中有这样的论述:"美德的道德实践力量来自于个体美德、道德法则以及共同体信仰本身,而无待外求。"[①]个体美德、道德原则以及共同体道德都是自足的,它们不仅是行为者唯一的行为动机,而且自身也就是行为目的。但是,正是由于它们对行为者道德良心和克己自省的道德自律的倚重,无法达成真正意义上团结一致的共同体,再加上对个体美德的倚重、道德原则的敬重以及对共同体道德的信仰往往都源于行为者对行为本身意义的直觉判断,因此美德的软弱性是不可避免的。关于美德的软弱性,陈绪新认为,一是源于美德自身的脆弱,二是传统意义上的美德的道德实践背景渐渐消逝。企业家个人素质构成其行为的约束条件,关于企业家个人道德素质与诚信决策的关系,李宁琪和周津(2009)、罗霞和陈维政(2009)、郜振廷和韩建民(2006)、蒲小雷和韩家平(2001)、吉登斯(2000)、张维迎(2002)、Boisot Max & John Child(1996、1998)、Martins(2002)、郑伯曛(1999)等的研究认为,企业家个人素质与企业家诚信决策关系密切,一个个人素质高的人在企业经营管理过程中也会秉承诚信理念。此处提出如下假设以待检验。

H5a:个人道德素质越高,企业家诚实度越高。

H5b:个人道德素质越高,企业家守信度越高。

H5c:个人道德素质越高,企业家诚直度越高。

H5d:个人道德素质越高,企业家精诚度越高。

6.1.3 利益相关者能力

利益相关者能力是指同企业家决策有直接利益关系的消费者、员工、政府机构、社区、社会团体等对企业选择的影响力。利益相关者拥

---

① 陈绪新.信用伦理及其道德哲学传统研究.北京:中国社会科学出版社,2008年,第140页。

有的信息、经济实力、法律知识、社会网络等是决定其影响力大小的重要因素。企业家是企业的代表，是多种契约的缔结者与执行者，身处由政府、消费者、社会团体等各方力量组成的网络之中，利益相关者的能力对企业家决策行为有直接影响。任何决策都带有政治性，是不同政治力量谈判的结果，谈判双方的能力对比决定了谈判的绩效。公司治理理论、利益相关者理论以及运用博弈论方法分析企业诚信行为的研究等都明确表达了利益相关者的能力对企业行为的约束作用。在访谈过程中，接受访问的企业家们普遍反映现今的管理，无论是对内还是对外，其诚信水平都有明显提升，其中重要的原因是员工、消费者、供应商等群体掌握的信息更多，处理契约关系的能力更强。因此，得出如下假设：

H6a：利益相关者能力越强，企业家诚实度越高。

H6b：利益相关者能力越强，企业家守信度越高。

H6c：利益相关者能力越强，企业家诚直度越高。

H6d：利益相关者能力越强，企业家精诚度越高。

6.1.4 外部制度约束

在市场经济中，"理性经济人"的假设是有存在条件的，制度的完备性就是一个基本条件，如果没有适应"经济人"活动特性的制度体系，市场经济利益的个体性和谋利的短期性、自利性及经济人的非理性，在客观上必然会加剧人们利益追求的急迫性，诱发人们不择手段的谋利倾向。在国内，关于制度问题的讨论是围绕产权视角展开的。张维迎（2002、2003）认为，诚信是一个制度问题，其理由是：如果制度安排使当事人履行契约比不履行契约更有利可图，使人们有积极性为了交易带来的长远利益而抵挡短期的机会主义行为的诱惑，人们之间的信任就可以建立起来。企业家对自身制度体系创新有较大的自主权和行为空间，但在实践中，这种自主权和行为空间受到诸多因素制约，任何制度的变革都与习惯的改变、利益的重新分配密切相关，这种制度是以产权制度为基础的管理制度和组织制度安排（杨洁，2006）。[①] 而能够实现上述目标的制度安排的基本特征是产权清晰，持有类似观点的还有郑

---

① 杨洁.民营企业家行为研究.四川大学学位论文，第 68 页。

也夫(2001)、李向阳(1999)、汪丁丁(1997)、茅于轼(1997)、韦森(2002)等一大批专家学者。产权是同实物资产所有权密切相关的一个概念,而目前对于企业权力的研究形成了不同于传统的认识。Rajan 和 Zingales(1998)在其研究中认为,实物资产所有权并非是企业内部权力的唯一来源,"资源进入优先权"才是企业权力的基本来源。在此概念基础上,笔者认为外部制度约束是指对企业权力的管制,以保护利益相关者资源进入优先权,集中体现为对企业家行为有约束影响的制度、法规、习俗等。基于以上阐释,提出如下假设。

H7a:外部制度约束越强,企业家诚实度越高。

H7b:外部制度约束越强,企业家守信度越高。

H7c:外部制度约束越强,企业家诚直度越高。

H7d:外部制度约束越强,企业家精诚度越高。

6.1.5 个人利益追求

经济人假设是市场机制运行的一个基本前提,也是诸多研究探索企业家行为的重要理论前提,在此框架下,企业家行为被认为是一种自利行为,在自私的动机的驱使下,企业家很容易做出出卖信誉换取利益的选择。在现代市场经济环境中,诚信的意义已经渐趋偏离了原本的以目的为终极追求的定位,而逐渐成为一种获取更大利益的工具,即不再是基于普遍的或公共的幸福,而是基于个体利益的考虑。报以美德目的论的学者们认为,对私利的过度追求是破坏诚信的根本原因。正如亚当·斯密在《道德情操论》一书中指出的那样:与其说仁慈是社会存在的基础,还不如说是信用、诚信、正义是这种基础,不义的行为(盗窃、杀人呢、限制他人自由)盛行,必然会摧毁这个社会的基础。仁慈犹如美化建筑物的装饰品,而不是支撑建筑物的基础,而信用、诚信、正义犹如支撑整个大厦的主要支柱,如果这根支柱松动的话,那么人类社会这个大厦就会顷刻之间土崩瓦解。① Whitener(1998)在其提出的组织信任模型中,将组织因素、关系因素与个人因素作为影响管理者诚信的三个重要因素,而对自我利益的考虑则是个人因素中的基本内容。国内学者李宁琪与周津(2009)认为,高级管理人员追求自身利益最大化

---

① 亚当·斯密.道德情操论.上海:上海三联书店,2008 年,第 79 页。

是影响其诚信的重要因素,并将其作为评价企业家诚信的关键指标。

H8a:个人利益导向越突出,企业家诚实度越低。

H8b:个人利益导向越突出,企业家守信度越低。

H8c:个人利益导向越突出,企业家诚直度越低。

H8d:个人利益导向越突出,企业家精诚度越低。

6.1.6　竞争能力

企业实力包括财力、技术能力、管理水平、销售能力等,主要体现为企业在竞争市场中的地位或获取资源的竞争能力。杨洁(2006)在其博士学位论文"民营企业家行为研究"中分析了我国社会转型时期民营企业家的行为选择机制,研究认为民营企业在我国当前的制度框架内处于不公平的竞争地位,在很多方面难以同国有企业竞争,不能通过正常渠道获得发展所需要的技术、人才、资金等资源。这种状况是引致民营企业选择非诚信行为的重要原因。诚信是需要成本的,尤其是在诚信的积极效果还没有充分体现之前,企业是否有实力支撑诚信选择是一个至关重要的问题。通过对苏州、无锡、宁波等地企业的实证调查,谢凤华、宝贡敏(2004)发现企业诚信水平同企业性质、企业规模、企业所处的生命周期阶段有关系。潘东旭、周德群(2006)通过实证研究发现,企业经营状况是影响企业诚信的最重要因素,企业规模同企业诚信水平直接相关。Kinney 和 Mcdaniel(1989)认为财务状况恶化是企业违信的重要原因。Pankaj Sakena(2001)从实证的角度证明,同企业是否诚信直接相关的内部因素包括企业在整个行业的经营水平、破产的风险、公司规模及组织的松散度等。为了更加确切表达变量的涵义,此后以"竞争能力"代替"企业实力",并提出如下假设。

H9a:企业竞争能力越强,企业家诚实度越高。

H9b:企业竞争能力越强,企业家守信度越高。

H9c:企业竞争能力越强,企业家诚直度越高。

H9d:企业竞争能力越强,企业家精诚度越高。

6.1.7　权力集中度

所谓公司治理结构,是指由所有者、董事会和高级执行人员(即高级经理人员)三者组成的一种组织结构。在这种结构中,上述三者之间形成一定的制衡关系。通过这一结构,所有者将自己的资产交由公司董事会托管;公司董事会是公司的最高决策机构,拥有对高级经理人员的聘用、奖惩以及解雇权;高级经理人员受雇于董事会,组成在董事会领导下的执行机构,在董事会授权范围内经营企业。更为简单的概括是:公司治理结构是公司权力的分配与运行体系。公司治理方面的诸多研究认为,治理结构同企业家行为选择有密切的关系。就诚信决策方面,一般的观点是企业权力的分散更有利于企业家做出诚信的选择。Mark S. Besley(1996)通过对 150 家上市公司的研究,发现董事会的结构与企业诚信直接相关,没有发生欺诈行为的公司独立董事的比例明显高于发生欺诈行为的公司,而灰色董事的比例则低于发生欺诈行为的公司,有监事会的公司比没有的公司更可信。本项目将在中国企业家决策的情景中,对上述判断中涉及的董事会权力集中度的相关研究结论进行验证,为此提出如下假设。

H10a:董事会权力越集中,企业家诚实度越低。

H10b:董事会权力越集中,企业家守信度越低。

H10c:董事会权力越集中,企业家诚直度越低。

H10d:董事会权力越集中,企业家精诚度越低。

笔者将企业家诚信划分为诚实、守信、诚直、精诚四个维度,基于上述学者们的研究,诚实、守信、诚直与精诚对企业家信誉有正向影响。

H11:企业家诚实度越高,企业家信誉越高。

H12:企业家守信度越高,企业家信誉越高。

H13:企业家诚直度越高,企业家信誉越高。

H14:企业家精诚度越高,企业家信誉越高。

研究假设汇总如表 6-2 所示,各变量之间的关系如图 6-1 所示。

表 6-2 研究假设汇总

假设性质	假设内容	对应路径
开拓性假设	H1a:诚实与守信之间正相关。	诚实←→守信
开拓性假设	H1b:诚实与诚直之间正相关。	诚实←→诚直
开拓性假设	H1c:诚实与精诚之间正相关。	诚实←→精诚
开拓性假设	H2a:守信与诚直之间正相关。	守信←→诚直

续表

假设性质	假设内容	对应路径
开拓性假设	H2b:守信与精诚之间正相关。	守信←→精诚
开拓性假设	H3:诚直与精诚之间正相关。	诚直←→精诚
开拓性假设	H4a:功利主义导向越突出,企业家诚实度越低。	功利主义导向→诚实度
开拓性假设	H4b:功利主义导向越突出,企业家守信度越低。	功利主义导向→守信度
开拓性假设	H4c:功利主义导向越突出,企业家诚直度越低。	功利主义导向→诚直度
开拓性假设	H4d:功利主义导向越突出,企业家精诚度越低。	功利主义导向→精诚度
验证性假设	H5a:个人道德素质越高,企业家诚实度越高。	个人道德素质→诚实度
验证性假设	H5b:个人道德素质越高,企业家守信度越高。	个人道德素质→守信度
验证性假设	H5c:个人道德素质越高,企业家诚直度越高。	个人道德素质→诚直度
验证性假设	H5d:个人道德素质越高,企业家精诚度越高。	个人道德素质→精诚度
验证性假设	H6a:利益相关者能力越强,企业家诚实度越高。	利益相关者能力→诚实度
验证性假设	H6b:利益相关者能力越强,企业家守信度越高。	利益相关者能力→守信度
验证性假设	H6c:利益相关者能力越强,企业家诚直度越高。	利益相关者能力→诚直度
验证性假设	H6d:利益相关者能力越强,企业家精诚度越高。	利益相关者能力→精诚度
验证性假设	H7a:外部制度约束越强,企业家诚实度越高。	外部制度约束→诚实度

续表

假设性质	假设内容	对应路径
验证性假设	H7b：外部制度约束越强，企业家守信度越高。	外部制度约束→守信度
验证性假设	H7c：外部制度约束越强，企业家诚直度越高。	外部制度约束→诚直度
验证性假设	H7d：外部制度约束越强，企业家精诚度越高。	外部制度约束→精诚度
开拓性假设	H8a：个人利益导向越突出，企业家诚实度越低。	个人利益导向→诚实度
开拓性假设	H8b：个人利益导向越突出，企业家守信度越低。	个人利益导向→守信度
开拓性假设	H8c：个人利益导向越突出，企业家诚直度越低。	个人利益导向→诚直度
开拓性假设	H8d：个人利益导向越突出，企业家精诚度越低。	个人利益导向→精诚度
验证性假设	H9a：企业竞争能力越强，企业家诚实度越高。	竞争能力→诚实度
验证性假设	H9b：企业竞争能力越强，企业家守信度越高。	竞争能力→守信度
验证性假设	H9c：企业竞争能力越强，企业家诚直度越高。	竞争能力→诚直度
验证性假设	H9d：企业竞争能力越强，企业家精诚度越高。	竞争能力→精诚度
开拓性假设	H10a：权力越集中，企业家诚实度越低。	权力集中度→诚实度
开拓性假设	H10b：权力越集中，企业家守信度越低。	权力集中度→守信度
开拓性假设	H10c：权力越集中，企业家诚直度越低。	权力集中度→诚直度
开拓性假设	H10d：权力越集中，企业家精诚度越低。	权力集中度→精诚度
验证性假设	H11：企业家诚实度越高，企业家信誉越高。	诚实度→企业家信誉

续表

假设性质	假设内容	对应路径
验证性假设	H12:企业家守信度越高,企业家信誉越高。	守信度→企业家信誉
验证性假设	H13:企业家诚直度越高,企业家信誉越高。	诚直度→企业家信誉
验证性假设	H14:企业家精诚度越高,企业家信誉越高。	精诚度→企业家信誉

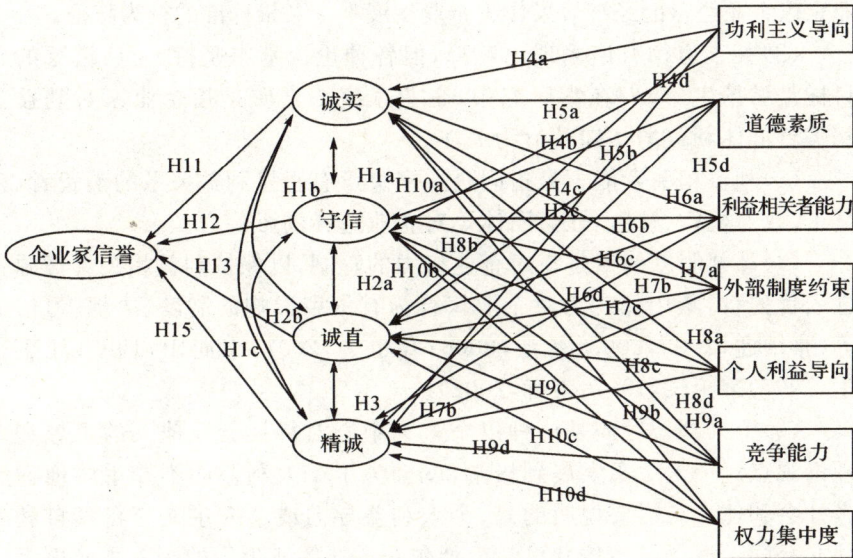

图 6-1　企业家诚信理论模型

6.2　测量项目及小样本验证

任何事物终究是以一定量存在的,对之完整的认识包括知晓其数量和质量。在这一部分,首先对自变量、中介变量、结果变量与控制变量的内涵进行界定,然后将进行研究所需的各类测量项目与量表的设计,并对量表进行小样本检验。

6.2.1　研究变量

自变量——功利主义导向、个人道德素质、利益相关者能力、外部制度约束、个人利益导向、竞争能力、权力集中度。

(1)程炼(2008)对功利主义的理论结构特征总结如下:一个行动产生的价值只来自于该行动影响到的人们的福利;我们要给予每个受到该行为影响的人相同的考虑;一个行动是否正确完全取决于它是否比其他可选行动产生更大的价值。在商业领域,企业家功利主义导向,即企业家以企业经营的经济效果作为企业发展唯一考量标准的行为特征。

(2)关于道德有诸多理论解释,但各种论说基本坚持一点:道德的目标是弘扬生命。[①]　在本研究中,企业家道德素质是指企业家对利益相关者群体利益的认知及行为关注。

(3)利益相关者能力是指同企业家决策有直接利益关系的消费者、员工、政府机构、社区、社会团体等对企业选择的影响力。

(4)外部制度约束是指对企业权力的管制,以保护利益相关者资源进入优先权,集中体现为对企业家行为有约束影响的制度、法规、习俗等(张维迎,2002,2003;杨洁,2006;郑也夫,2001;李向阳,1999;汪丁丁,1997;茅于轼,1997;韦森,2002)。

(5)个人利益导向是一种以个人为中心对待社会或他人的思想和理论观点。个人主义发展到极端,就会为了个人利益而不择手段地损害社会和他人。需要说明的是,个人利益导向或个人主义与自私自利并非是同一概念。卢梭、哈耶克、加尔布雷斯等所倡导的个人主义更大意义上是强调对个体权益的关注,这同利己主义是截然不同的。

(6)诺贝尔经济学奖获得者、竞争理论大师乔治·斯蒂格勒在《新帕尔格雷夫经济学辞典》中写道:竞争系个人(或集团或国家)间的角逐;凡两方或多方力图取得并非各方均能获得的某种东西时,就会竞争。世界经济论坛和洛桑国际管理开发学院认为竞争能力是一国或一公司在世界市场上均衡地生产出比其他竞争对手更多财富的能力。综合有关竞争能力的阐释,竞争能力是指在特定的社会结构中,一个个体

[①]　高国希.道德哲学.上海:复旦大学出版社,2005年,第1页。

或社会实体获取发展优势的能力。

（7）企业权力是指企业对利益相关者产生预期效果的能力，这一概念立足于企业与利益相关者的互动关系。[①] 从企业与利益相关者关系的角度分析，企业权力集中度则是指事关利益相关者的决策权由少数人把持的一种权力分布状态。

中介变量——诚实、守信、诚直、精诚。夏春（2005）等研究人员提出：诚信是指行为符合诚实、守信、诚直和精诚内涵的程度，对这四个方面，研究人员分别给出了操作性定义：诚实指实事求是，说真话，发布真实全面的信息，重在对行为主体的言语以及与语言密切相关的行为的规范和要求；守信指言而有信，言出必行，是对行为一致性的把握，要求行为必须与言语（承诺）保持一致；诚直指做事情秉公方正，不掺杂私心邪念，不妄断曲行，是对言行自身的规范和要求，即言语和行为符合公平、公开和公正的原则；精诚是要求诚信的行为必须持之以恒，坚持不懈，是对行为的一贯性和可持续性的保证。笔者选择夏春等人的成果作为建构诚信概念的蓝本，并对这个概念提出如下修正：第一，诚直的概念中除了上述内涵外，还应当包含"平等"的成分，即行为主体之间具有对等的缔结契约的权力，这是对行为人资格身份的规定与要求，是对契约双方互动关系的特征描述。第二，精诚的意义不仅表现为"持之以恒"，而且体现在系统的完整性与一致性，即诚信原则与行为表现的一以贯之。

结果变量——企业家信誉。信誉在词源学上有两个相近的含义：诚实而守信用的声誉；信用和声誉。"信"指诚实守信，"誉"指名誉、声誉，即一方在社会活动尤其在经济活动中因忠实遵守约定而得到另一方的信任和赞誉。

控制变量——月平均收入、平均教育程度、企业性质、所属行业、企业规模、成立年限等。月平均收入以 3000 元以下、3000～4000 元、4000～6000 元、6000～8000 元、8000 元以上来划分；企业性质区分为国有企业、民营企业、合资企业、外资企业、混合所有制企业；企业规模按照从业人数分为五类；成立年限分为四类；所属行业分为 24 类；平均教育程度划分为五类。

[①]　宁亚春，企业权力约束机制及其演化路径.求索.2009 年第 9 期，第 59 页。

6.2.2 研究变量测量

通常,测验编制者会将显示了该结构的一种或更多种行为概念化,然后试着想出项目来证实这些行为。不幸的是,这种方法会导致忽略行为的重要领域或者包含了仅仅与特定测验编制者所认为的结构相关的行为领域,导致对结构高度主观而个人化的界定。为了拓展、精炼或证实所要测量的结构的概念,测验编制者应该进行下述一项或多项活动。(1)内容分析。用这个方法,首先对受测者就所欲研究的结构提出开放性问题,然后把他们的反应按主题分类。那些占显著优势的类别就作为该结构的主要成分。(2)研究回顾。那些别人频繁研究的行为通常被用作界定所欲研究的结构。在确定由测验项目所代表的行为类别时,测验编制者可以使用折中主义方法或选择某个理论家的成果。(3)关键事件。要确定一个行为检核表,用于确定所研究结构的典型特征。通常认为这一方法起源于 Flanagan(1954),他要求职业主管描述出一个雇员在何种情况下工作极其高效或极其无效,由此而得出用于评定工作表现的一个"关键行为"表。(4)直接观察。测验编制者通过直接观察确定行为。例如,一位正在编制一个高危职业工作压力评估调查表的职业顾问可能会发现,对从事这类职业的实际观察有助于确定情绪紧张的潜在来源。(5)专家判断。测验编制者从某些对该结构具有直接经验的人那里获得信息。可以用书面问卷或个人访谈的形式收集信息。[1]

此处将以上述理论为指导,对自变量、中介变量和结果变量进行测量项目及量表的设计,具体如下。

借鉴夏春(2005)研究中的测量项目设计,结合对企业家诚信的有关案例的关键事件分析,笔者采用利克特 7 点量表的形式设计诚实、守信、诚直、精诚测量项目。(见表 6-3～表 6-6)

---

[1] L·克罗克,J·阿尔吉纳. 经典和现代测验理论导论. 上海:华东师范大学出版社,2004 年,第 74—75 页。

表 6-3　诚实的测量量表

编号	项目内容	来源
Q201	高层管理者能正视决策失误	①研究回顾
Q202	高层管理者能及时准确发布信息	②关键事件分析

利克特 7 级量表：1－完全不同意、2－很不同意、3－不同意、4－不确定、5－同意、6－很同意、7－完全同意

表 6-4　守信的测量量表

编号	项目内容	来源
Q301	企业按事先约定履行合同	①研究回顾
Q302	企业不借故拖欠员工的工资	②关键事件分析

利克特 7 级量表：1－完全不同意、2－很不同意、3－不同意、4－不确定、5－同意、6－很同意、7－完全同意

表 6-5　诚直的测量量表

编号	项目内容	来源
Q401	企业中有些人因为与高层的某种特殊关系而得到优待	①研究回顾
Q402	对客户的服务标准常出现因人而异的情况	②关键事件分析

利克特 7 级量表：1－完全不同意、2－很不同意、3－不同意、4－不确定、5－同意、6－很同意、7－完全同意

表 6-6　精诚的测量量表

编号	项目内容	来源
Q501	领导与员工的约定时常变更	①研究回顾
Q502	企业既定的管理目标常常无法实现	②关键事件分析
Q503	各个部门行动导向与企业总体要求存在不一致	

利克特 7 级量表：1－完全不同意、2－很不同意、3－不同意、4－不确定、5－同意、6－很同意、7－完全同意

功利主义关于行动的原则可以总结为三条:一个行动是应该去做的,当且仅当它是比行动者可能做的其他行动产生更大功利的行动;一个行动是禁止去做的,当且仅当它是比行动者可能做的某些行动产生更小功利的行动;一个行动是允许去做的,当且仅当行动者可选的所有行动中有一个以上的行动产生最大且相同的功利,而该行动属于一个以上的这些行动之一。① 遵照以上理论,对变量功利主义导向的测量项目设计如表 6-7。

表 6-7　功利主义导向的测量量表

编号	项目内容	来源
Q601	管理者认为行为方式与行动结果同样重要	
Q602	管理者对完成工作的方法有伦理方面的考量	①研究回顾
Q603	企业因为担心某项计划对员工身心有负面影响而放弃该计划	

利克特 7 级量表:1－完全不同意、2－很不同意、3－不同意、4－不确定、5－同意、6－很同意、7－完全同意

中国企业家调查系统 2003 年专题调查关于"企业经营者认同的企业家优秀特征"调查结果显示,最认同的前三位是"信守承诺"、"守法经营"和"善于创新",比重均超过了半数,分别为 66%、61.3%和 50.7%;其他依次是"尊重员工"(45.8%)、"回报社会"(35.2%)、"高瞻远瞩"(30%)、"认真负责"(28.1%)、"善于合作"(27.8%)、"才能杰出"(26.2%)、"锲而不舍"(22.1%)、"重视家庭"(21.6%)、"照章纳税"(19.5%)、"永不停步"(17.4%)、"开朗乐观"(11.4%)等。在此基础上,对变量道德素质的测量项目设计如表 6-8。

---

①　程炼.伦理学导论.北京:北京大学出版社,2008 年,第 149 页。

表 6-8　个人道德素质的测量量表

编号	项目内容	来源
Q701	企业是在法律允许的范围内经营	①内容分析
Q702	企业积极开展社会公益事业	
Q703	企业不将裁员作为缓解经济压力的手段	

利克特 7 级量表：1－完全不同意、2－很不同意、3－不同意、4－不确定、5－同意、6－很同意、7－完全同意

　　为了探求受测者对利益相关者谈判能力的认知，笔者选取了部分对象，以开放式问题进行询问，以判断其反应的主要成分。从预调研结果分析，相关法律法规是否完善、利益相关者的组织化程度、是否能获得充分的信息等是被关注的要点。据此，本研究采用利克特 7 点量表的形式设计对利益相关者能力的测量项目（表 6-9）。

表 6-9　利益相关者能力的测量量表

编号	项目内容	来源
Q801	员工有改变企业决策的影响力	①预调查
Q802	工会组织对企业决策有重要影响	
Q803	企业会主动发布社会责任报告	

利克特 7 级量表：1－完全不同意、2－很不同意、3－不同意、4－不确定、5－同意、6－很同意、7－完全同意

　　通过回顾关于企业家诚信评价的相关文献，发现政府监管、舆论监督与声誉机制是来自外部的影响企业家诚信的主要因素（李宁琪，周津，2008）。根据对企业家诚信评价的相关文献回顾，本研究采用利克特 7 点量表的形式设计对外部约束的测量项目（表 6-10）。

表 6-10　外部制度约束的测量量表

编号	项目内容	来源
Q901	禁止采用贿赂的方式获取订单	①研究回顾
Q902	对媒体揭发的问题能积极改正	
Q903	为了好的声誉而放弃某些高回报但有负面社会影响的投资计划	

利克特 7 级量表:1－完全不同意、2－很不同意、3－不同意、4－不确定、5－同意、6－很同意、7－完全同意

郭萍(2009)在其对个人主义与集体主义的测评研究中,从如下方面总结了个人主义与集体主义在社会关系方面的差异:团体数量与个人感觉、社会交易性质、服从倾向性、权力距离、重要人际关系、对事的评价角度、对冲突的偏好、团体责任、交际能力、亲密度与和谐度。在此研究基础上,结合预调查的情况,采用利克特 7 点量表的形式设计对个人利益导向的测量项目(表 6-11)。

表 6-11　个人利益导向的测量量表

编号	项目内容	来源
Q1001	该企业团队氛围很好	①研究回顾
Q1002	企业家个人特征对企业影响很大	
Q1003	员工的意见能得到很好表达	

利克特 7 级量表:1－完全不同意、2－很不同意、3－不同意、4－不确定、5－同意、6－很同意、7－完全同意

对企业竞争力项目的测量设计,此处主要借鉴了有关产品竞争力的评价研究(表 6-12)。韩雪松(1998)从产品的质量水平、技术水平、设计水平、成本水平、销售效率、服务水平、广告水平、技术水平、开发经费比例、销售利润率和成本利润率等 11 个方面评价产品的内部、外部和潜在竞争力;莫尔斯(1998)、邵妍与阮平南(2000)等认为,评价产品竞争力主要是从两个方面,一是产品的市场地位,一个是产品的销售情况。

表 6-12　竞争能力的测量量表

编号	项目内容	来源
Q1101	客户更喜欢该企业的产品	
Q1102	拥有最先进的技术	①研究回顾
Q1103	竞争者密切关注该企业的行动	

利克特 7 级量表：1－完全不同意、2－很不同意、3－不同意、4－不确定、5－同意、6－很同意、7－完全同意

笔者参阅了今年以来有关董事会权力问题的相关新闻报道，从中筛选出代表性的关键事件，包括对经营情况的评价、管理者薪酬与业绩的关联度、董事会中内部董事的比例、外部董事在董事会中的角色、对董事结盟行为的限制等。在对这些关键事件分析的基础上，采用利克特 7 点量表的形式对董事会权力集中度的测量项目设计如（表 6-13）。

表 6-13　权力集中度的测量量表

编号	项目内容	来源
Q1201	总经理报酬与绩效标准密切相关	
Q1202	关键委员会全部由外部董事构成	①关键事件分析
Q1203	有限制董事结盟的制度规定	
Q1204	董事长由民主选举产生	

利克特 7 级量表：1－完全不同意、2－很不同意、3－不同意、4－不确定、5－同意、6－很同意、7－完全同意

"誉商"（Reputation Quotient）是 1999 年由美国声誉研究所的 Charles J. Formbrun 和他的同事在综合研究了其他各种公司声誉测量方法后提出来的（表 6-14）。Charles J. Formbrun 认为，公司的五个内生因素联合作用促成了公司声誉的形成。一是产品和服务；二是工作环境；三是社会责任；四是愿景和领导；五是财务绩效。缪荣（2008）

从利益相关者对公司认知着手,将公司声誉的概念进行结构化,提出了
公司声誉的三维测量法。他们认为,基于利益相关者网络的观点,公司
声誉的概念应该分为广度、强度和美誉度三个维度。广度是公司的利
益相关者网络在整个社会网络中延伸和作用的范围,也就是人们通常
所说的知名度,即在某个范围内有多少人知道该公司,或者被动地听说
过该公司;强度是公司的利益相关者网络延伸的过程中对每个节点和
节点之间的相互作用关系影响的程度,它是由公司的有关信息在利益
相关者个体认知和群体认知中嵌入的程度决定的,嵌入得越深,声誉的
强度就越大;嵌入得越浅,声誉的强度就越小。美誉度是指消费者和社
会公众在品质认同的基础上对公司形成一定的信念和积极的情感体
验,是利益相关者对公司的主观价值判断。

表 6-14 企业家信誉的测量量表

编号	项目内容	来源
Q1301	企业高层管理者为多数人知晓	
Q1302	企业高层管理者深受合作者信赖	①研究回顾
Q1303	消费者认同企业倡导的理念	

利克特 7 级量表:1—完全不同意、2—很不同意、3—不同意、4—不确定、5—同意、6—很同意、7—完全同意

6.2.3 小样本测试

(1)数据收集

小样本调查是在广州和宁波两地进行的,笔者在选取调查对象时
采取随机抽样的原则进行抽样。调查问卷采取三种方式送到调查对象
手中,一是笔者亲自送达,并对其解释问卷中的有关事项;二是委托他
人送达;三是通过电子邮件的形式同被调查者进行沟通。笔者共随机
发放问卷 80 份,回收 58 份。问卷回收后,对无效问卷进行了剔除,得
到有效问卷 48 份,有效问卷回收率 60%。

(2)数据描述

变量测量项目的均值、标准差、斜度和峰度等描述性统计变量如
(表 6-15),各测量项目变量大多能够服从正态分布。

表 6-15　小样本调查数据的描述性统计

测量项目	最小值 Minimum	最大值 Maximum	均值 Mean	标准差 Std. Deviation	斜度 Skewness	斜度标准差 Std. Error of Skewness	峰度 Kurtosis	峰度标准差 Std. Error of Kurtosis
Q201	3	7	4.94	0.954	−0.178	0.343	0.069	0.674
Q202	3	7	5.13	0.866	0.16	0.343	1.197	0.674
Q301	1	7	5.21	1.166	−1.769	0.343	5.721	0.674
Q302	1	7	5.19	1.511	−1.259	0.343	1.886	0.674
Q401	1	7	4.54	1.237	0.041	0.343	0.595	0.674
Q402	1	7	4	1.321	−0.173	0.343	−0.358	0.674
Q501	1	7	3.48	1.072	0.976	0.343	1.937	0.674
Q502	1	6	3.06	0.954	0.791	0.343	1.992	0.674
Q503	1	6	3.48	1.337	−0.121	0.343	−0.553	0.674
Q601	3	7	4.98	0.911	−0.311	0.343	0.665	0.674
Q602	3	7	4.98	0.959	−0.193	0.343	0.227	0.674
Q603	1	6	3.69	0.949	−0.568	0.343	1.643	0.674
Q701	1	7	5.67	1.226	−1.199	0.343	3.125	0.674
Q702	1	7	4.54	1.473	−0.356	0.343	−0.14	0.674
Q703	1	7	3.98	1.296	−0.021	0.343	0.246	0.674
Q801	1	7	3.67	1.078	0.822	0.343	1.537	0.674
Q802	2	7	4.27	1.086	−0.364	0.343	−0.129	0.674
Q803	3	7	4.48	1.091	0.055	0.343	−0.456	0.674
Q901	2	7	4.52	1.13	0.316	0.343	−0.022	0.674
Q902	3	7	4.96	0.944	−0.389	0.343	0.54	0.674
Q903	3	7	4.69	0.903	0.313	0.343	−0.252	0.674
Q1001	3	7	5.02	1.28	−0.167	0.343	−0.767	0.674
Q1002	2	7	5.15	1.167	−0.715	0.343	0.277	0.674

续表

测量项目	最小值 Minimum	最大值 Maximum	均值 Mean	标准差 Std. Deviation	斜度 Skewness	斜度 标准差 Std. Error of Skewness	峰度 Kurtosis	峰度 标准差 Std. Error of Kurtosis
Q1003	2	7	4.63	1.044	0.121	0.343	0.684	0.674
Q1101	3	7	5.13	0.959	0.042	0.343	−0.03	0.674
Q1102	3	7	4.71	1.271	0.191	0.343	−0.853	0.674
Q1103	1	7	5.25	1.082	−0.947	0.343	3.916	0.674
Q1201	1	7	5.15	1.185	−0.935	0.343	2.14	0.674
Q1202	1	7	3.58	1.164	0.381	0.343	1.243	0.674
Q1203	2	7	4.35	1.062	−0.101	0.343	0.034	0.674
Q1204	1	6	3.35	1.062	0.79	0.343	1.023	0.674
Q1301	2	7	4.58	1.2	−0.436	0.343	−0.035	0.674
Q1302	2	7	4.75	1.12	−0.047	0.343	−0.061	0.674
Q1303	3	7	5.04	0.874	0.316	0.343	0.195	0.674

（3）验证方法

利用克朗巴哈 α 信度系数法测量项目的信度。对样本进行 KMO 样本测度和巴特莱特球体检验，判断是否可以进行因子分析。KMO 在 0.5 以上，巴特莱特球体检验的统计值显著性概率小于等于显著性水平时，可做因子分析。① 此处采用方差最大旋转主成分分析法，分析测量项目是否属于单维度。

（4）验证结果

参照以上规则与标准，笔者将变量测量项目小样本验证情况列示如下。量表的信度系数表如表 6-16。

---

① 马庆国. 管理统计. 北京：科学出版社，2002 年，第 320 页。

表 6-16 信度系数表

项目	Reliability Coefficients		
	N of Cases	N of Items	Alpha
诚实维度的信度系数	48	2	0.538
守信维度的信度系数	48	2	0.593
诚直维度的信度系数	48	2	0.561
精诚维度的信度系数	48	3	0.437
功利主义导向维度的信度系数	48	3	0.374
个人道德素质维度的信度系数	48	3	0.578
利益相关者能力维度的信度系数	48	3	0.674
外部制度约束维度的信度系数	48	3	0.191
个人利益导向维度的信度系数	48	3	0.558
竞争能力维度的信度系数	48	3	0.598
权力集中度维度的信度系数	48	4	0.440
企业家信誉维度的信度系数	48	3	0.663
34 个项目的信度系数	48	34	0.783

总量表的信度系数为 0.783,代表该量表具有较高的信度,但精诚维度、功利主义导向维度、外部制度约束维度权力集中度维度等分分量表的信度偏低。考虑到调研的可操作性,笔者在咨询有关专业人士的基础上,在单维度检验以后,对项目的内容词句进行修饰、修改,以提高其信度(见表 6-17)。

表 6-17 诚实度的单维度分析

测量项目	因子荷载
Q201	0.828
Q202	0.828
解释百分比(%)	68.502
KMO	0.5
Bartlett 检验卡方值	6.7
显著性概率	0.010

　　笔者采取主成分分析法进行因素提取,用方差最大法进行因子旋转,样本充分性的 KMO 测试值为 0.5,样本分布的球形 Bartlett 检验卡方值的显著性概率为 0.010,结果表明诚实度不存子维度,适合进行因子分析。(见表6-18)

表 6-18　守信度的单维度分析

测量项目	因子荷载
Q301	0.847
Q302	0.847
解释百分比(%)	71.809
KMO	0.5
Bartlett 检验卡方值	9.603
显著性概率	0.002

　　KMO 值为 0.5,显著性概率为 0.002,方差解释百分比达到 71.809%,因子荷载值在 0.8 以上,符合分析的要求。(见表6-19)

表 6-19　诚直度的单维度分析

测量项目	因子荷载
Q401	0.834
Q402	0.834
解释百分比(%)	69.533
KMO	0.5
Bartlett 检验卡方值	7.535
显著性概率	0.006

　　KMO 值为 0.5,显著性概率为 0.006,方差解释百分比达到 69.533%,因子荷载值在 0.8 以上,各项指标达到要求,适合进行因子分析。(见表6-20)

表 6-20　精诚度的单维度分析

测量项目	因子荷载
Q501	0.542
Q502	0.558
Q503	0.147
解释百分比(%)	53.147
KMO	0.488
Bartlett 检验卡方值	19.246
显著性概率	0.000

　　Q503 的因子荷载为 0.147,KMO 值为 0.488,去除 Q503 以后,再次进行 KMO 样本测度和巴特莱特球体检验,KMO 值为 0.5,解释百分比为 78.668,统计值显著性概率为 0.000,可以进行因子分析。因此,在正式的测量过程中,将删除 Q503 项目。(见表 6-21)

表 6-21　功利主义导向单维度检验

测量项目	因子荷载
Q601	0.524
Q602	0.447
Q603	0.524
解释百分比(%)	44.53
KMO	0.568
Bartlett 检验卡方值	3.666
显著性概率	0.3

　　Q602 因子荷载为 0.447 小于 0.5,显著性概率 0.3 超出 1‰水平,因此该量表需要修正并重新检验其单维度性。修改之后的题目如下:

Q601:管理者认为企业就应当以利润最大化为追求目标

Q602:企业在规模扩张的同时降低对产品质量的监控

Q603:企业会突出宣传自己从事的公益事业

将该量表重新发回被调查进行填写,然后进行单维度检验,KFO值为 0.616,显著性概率为 0.005,表明修改后量表可以进行因子分析。

表 6-22　个人道德素质的单维度检验

测量项目	因子荷载
Q701	0.471
Q702	0.528
Q703	0.325
解释百分比(%)	54.925
KMO	0.511
Bartlett 检验卡方值	18.570
显著性概率	0.000

表 6-23　利益相关者能力的单维度检验

测量项目	因子荷载
Q801	0.434
Q802	0.428
Q803	0.423
解释百分比(%)	60.54
KMO	0.664
Bartlett 检验卡方值	20.467
显著性概率	0.000

据检验后得到的表 6-22 与表 6-23 数据,从 KMO 值、显著性概率、因子载荷、解释百分比情况看,个人道德素质与利益相关者能力为单维度变量,符合分析的要求。

表 6-24 外部制度约束的单维度检验

测量项目	因子荷载
Q901	0.305
Q902	0.707
Q903	0.492
解释百分比(%)	39.909
KMO	0.425
Bartlett 检验卡方值	3.653
显著性概率	0.301

从 KFO 值与显著性概率判断,该量表需要修改,结合前面对其信度的分析,对量表中题目进行修改:

Q901:禁止采用贿赂的方式获取订单

Q902:对媒体揭发的问题能积极应对

Q903:企业所在行业有严密的监管体系

经过重新填答,进行单维度检验,KFO 值为 0.599,显著性概率为 0.006,分析表明适合做因子分析。

表 6-25 个人利益导向的单维度检验

测量项目	因子荷载
Q1001	0.469
Q1002	0.335
Q1003	0.527
解释百分比(%)	54.690
KMO	0.519
Bartlett 检验卡方值	17.577
显著性概率	0.001

表 6-26   竞争能力的单维度检验

测量项目	因子荷载
Q1101	0.346
Q1102	0.513
Q1103	0.467
解释百分比(%)	55.556
KMO	0.547
Bartlett 检验卡方值	17.729
显著性概率	0.001

据检验后得到的表 6-25 与表 6-26 数据,从 KMO 值、显著性概率、解释百分比、因子载荷情况看,个人利益导向与竞争能力为单维度变量,符合分析的要求。

表 6-27   权力集中度的单维度检验

测量项目	因子荷载
Q1201	0.073
Q1202	0.445
Q1203	0.517
Q1204	0.373
解释百分比(%)	41.012
KMO	0.543
Bartlett 检验卡方值	15.766
显著性概率	0.015

Q1201 因子荷载偏低,去除该项目,重新进行单位度检验,KFO 值为 0.542,显著性概率为 0.001,去除量表中的 Q1201 以后,适合进行因子分析。

表 6-28　企业家信誉的单维度检验

测量项目	因子荷载
Q1301	0.437
Q1302	0.489
Q1303	0.355
解释百分比(%)	60.002
KMO	0.552
Bartlett 检验卡方值	25.753
显著性概率	0.00

　　单维度分析结果表明企业家信誉是单维度变量,结合前面对该量表的信度分析情况判断,适合进行因子分析操作。

　　综合以上分析,测量量表总体上具备较高的信度与效度,权力集中度、外部制度约束、功利主义导向、精诚度等测量题目最初设计存在问题,经过修改以后,能够达到比较高的信度。修改后的量表共包括 43 个题项,分别对企业家诚信的前因、维度、结果变量及控制变量进行测量。

6.3　大样本调查和假设检验

6.3.1　数据采集与统计分析方法

　　经过对前期调研设计的完善,为了进一步发现与验证企业家诚信行为有关变量的内在关系,研究将在更大的范围内进行实证探索。本次调查共发放问卷 180 份,回收有效问卷 118 份,有效问卷回收率是 65.6%。对统计资料的分析以 SPSS13.0 软件包作为分析工具,根据项目的研究目的及研究的可行性,所使用的统计方法包括:问卷量表的效度和信度分析、因子分析、描述性统计分析、相关分析和多元回归分析等。具体统计分析过程及方法选择如下。

　　(1)效度与信度分析。在进行概念之间的实质关系检验之前,必须先进行每份量表的结构效度和信度分析,否则研究结果的正确性值得怀疑,甚至可能产生误导的严重后果。本研究项目采用专家意见法检验量表的效度,并通过 α 系数检测量表的信度。

(2)因子分析。经过巴特莱特球形检验之后,本研究通过采用主成分分析法并结合正交旋转中的方差极大法进行因子提取与选择。

(3)方差分析。通过单因子方差分析,判断控制变量对观察变量的影响。

(4)相关分析。这一部分主要分析企业家诚信各种影响因素与企业家诚信诚实维度、守信维度、诚直维度、精诚维度之间的相关性,为回归分析提供理论前提。

(5)回归分析。本研究采用多元回归分析方法来检验各种影响因素对企业家诚信的影响关系,以及结果变量与中间变量之间的关系,以判断所提出的假设是否成立。

6.3.2 样本描述

样本分布状况主要通过性别、从业者平均受教育程度、企业从业人员月平均收入水平、职位、所属行业、企业成立时间、企业规模等来进行描述。

(1)性别

在被访者中,男性 48 人,占 40.7%;女性 70 人,占 59.3%(见表 6-29)。

表 6-29   调查样本的性别分布状况

性别	频次	百分比(%)	累计百分比(%)
男	48	40.7	40.7
女	70	59.3	100.0
合计	118	100.0	

资料来源:根据调研数据整理

(2)月收入

大部分被观察对象的月人均收入分布在 3000 元至 8000 元之间,占 76.2% 的比重,其次为月收入在 8000 元以上的部分,占 16.1%,月收入在 3000 元以下的比例是 7.6％（见表 6-30）。

表 6-30　调查样本的月收入分布状况

月收入	频次	百分比（％）	累计百分比（％）
3000 元以下	9	7.6	7.6
3000～4000 元	32	27.1	34.7
4000～5000 元	30	25.4	60.2
6000～8000 元	28	23.7	83.9
8000 元以上	19	16.1	100.0
合计	118	100.0	

资料来源：根据调研数据整理

（3）学历

从调查样本的平均教育水平分布状况来看，具有本科学历的企业有 40 位，占 33.9％；其次是具有本科以上学历的企业有 35 位，占 29.7％；大专学历的企业占的比例是 25.4％，有 30 位；高中文化水平的人有 13 位，占 11％（见表 6-31）。

表 6-31　调查样本的学历分布状况

学历	频次	百分比（％）	累计百分比（％）
高中	13	11.0	11.0
大专	30	25.4	36.4
本科	40	33.9	70.3
本科以上	35	29.7	100.0
合计	118	100.0	

资料来源：根据调研数据整理

（4）工作职位

从调查样本的工作职位分布状况来看，70％的比例为中层管理者，有 70 人，高级管理者的比重是 19.5％，有 23 人，一般工作人员的比例是 17.8％，有 21 人，老板的比例最低，是 3.4％（见表 6-32）。

表 6-32　调查样本的工作职位分布状况

工作职位	频次	百分比（%）	累计百分比（%）
老板	4	3.4	3.4
高级管理者	23	19.5	22.9
中层管理者	70	59.3	82.2
一般工作人员	21	17.8	100.0
合计	118	100.0	

资料来源：根据调研数据整理

（5）企业性质

从调查样本的企业性质分布状况来看，比重最大的是民营企业，有 59 家，占 50%，国有企业所占比重是 20.3%，共有 24 家，合资企业与外资企业的比例分别是 17.8% 和 9.3%，混合所有制企业有 3 家，仅占 2.5%（见表 6-33）。

表 6-33　调查样本的企业性质分布状况

企业性质	频次	百分比（%）	累计百分比（%）
国有企业	24	20.3	20.3
民营企业	59	50.0	70.3
合资企业	21	17.8	88.1
外资企业	11	9.3	97.5
混合所有制企业	3	2.5	100.0
合计	118	100.0	

资料来源：根据调研数据整理

（6）行业

从调查样本的所在行业分布状况来看，排在前三位的是建筑建材、冶金矿产和专业服务，比例分别是 15.3%、10.2% 和 9.3%（见表 6-34）。

表 6-34　调查样本的所在行业分布状况

所属行业	频次	百分比（%）	累计百分比（%）
农林牧渔	2	1.7	1.7
医药卫生	3	2.5	4.2
建筑建材	18	15.3	19.5
冶金矿产	12	10.2	29.7
石油化工	9	7.6	37.3
水利水电	5	4.2	41.5
交通运输	3	2.5	44.1
信息产业	9	7.6	51.7
机械机电	7	5.9	57.6
轻工食品	9	7.6	65.3
服装纺织	8	6.8	72.0
专业服务	11	9.3	81.4
安全防护	3	2.5	83.9
环保绿化	2	1.7	85.6
旅游休闲	2	1.7	87.3
办公文教	6	5.1	92.4
电子电工	2	1.7	94.1
家居用品	3	2.5	96.6
包装用品	2	1.7	98.3
体育用品	2	1.7	100.0
合计	118	100.0	

资料来源：根据调研数据整理

（7）企业规模

从调查样本的企业规模分布状况来看,有 40.7% 的企业。其从业人员在 200 人至 1000 人之间,有 28.8% 的企业,其从业人员在 50－200 人之间,从业人员有 1000 人以上的企业是 20 家,占 16.9%,从业人员 10 至 50 人之间的有 11 家,占 9.3%,还有 5 家的从业人员规模是 10 人以下的,占 4.2%(见表 6-35)。

表 6-35   调查样本的企业规模分布状况

从业人员规模	频次	百分比(%)	累计百分比(%)
10 人以下	5	4.2	4.2
10-50 人	11	9.3	13.6
50-200 人	34	28.8	42.4
200-1000 人	48	40.7	83.1
1000 人	20	16.9	100.0
合计	118	100.0	

资料来源:根据调研数据整理

(8)成立年限

从调查样本的成立年限的分布状况看,67 家企业是在 10 年以上,22 家企业是在 7 至 10 年,21 家企业是在 4 至 6 年,还有 8 家企业是处于 3 年以下(见表 6-36)。

表 6-36   调查样本的企业成立年限分布状况

成立年限	频次	百分比(%)	累计百分比(%)
3 年以下	8	6.8	6.8
4-6 年	21	17.8	24.6
7-10 年	22	18.6	43.2
10 年以上	67	56.8	100.0
合计	118	100.0	

资料来源:根据调研数据整理

6.3.3   数据描述

变量测量项目的均值、标准差、斜度和峰度等描述性统计量见表 3-37,可以发现,各测量项目变量大多能够服从正态分布。

表 6-37　大样本调查数据的描述性统计

测量项目	最小值 Minimum	最大值 Maximum	均值 Mean	标准差 Std. Deviation	斜度 Skewness	斜度标准差 Std. Error of Skewness	峰度 Kurtosis	峰度标准差 Std Error of Kurtosis
Q102	1	5	1.95	1.003	0.827	0.223	−0.165	0.442
Q103	1	5	2.45	1.003	0.827	0.223	0.038	0.442
Q201	1	7	4.86	1.037	−0.586	0.223	0.038	0.442
Q202	2	7	4.81	1.339	−0.412	0.223	−0.257	0.442
Q301	1	7	4.84	1.314	−1.054	0.223	1.006	0.442
Q302	1	7	4.99	1.311	−1.305	0.223	2.229	0.442
Q401	1	7	4.72	1.226	−0.524	0.223	−0.106	0.442
Q402	1	7	3.96	1.277	−0.095	0.223	−0.463	0.442
Q501	1	7	3.29	1.125	0.397	0.223	0.265	0.442
Q502	1	6	2.97	1.042	0.744	0.223	0.624	0.442
Q601	2	7	4.59	1.134	−0.324	0.223	−0.580	0.442
Q602	1	7	4.11	1.345	0.118	0.223	0.580	0.442
Q603	1	7	4.57	1.147	−0.365	0.224	−0.341	0.444
Q701	1	7	5.45	0.930	−0.498	0.223	3.662	0.442
Q702	1	7	4.19	1.383	−0.026	0.223	−0.555	0.442
Q703	1	7	3.97	1.191	−0.119	0.223	−0.098	0.442
Q801	1	7	3.33	1.184	0.398	0.223	0.065	0.442
Q802	1	7	3.81	1.276	0.022	0.223	−1.085	0.442
Q803	2	7	3.58	1.250	0.638	0.223	−0.491	0.442
Q901	1	7	3.35	1.236	0.662	0.223	0.229	0.442

续表

测量 项目 Minimum	最小值 Maximum	最大值 Mean	均值 Std. Deviation	标准差 Skewness	斜度 Std. Error of Skewness	斜度 标准差 Kurtosis	峰度 Std Error of Kurtosis	峰度 标准差
Q902	2	6	4.36	1.115	−0.424	0.223	−1.063	0.442
Q903	2	7	3.92	1.230	0.472	0.223	−0.533	0.442
Q1001	2	7	4.69	1.138	−0.100	0.223	−0.417	0.442
Q1002	1	7	5.18	1.231	−1.186	0.223	1.406	0.442
Q1003	1	7	4.32	1.240	−0.446	0.223	0.034	0.442
Q1101	2	7	4.77	1.073	−0.331	0.223	−0.021	0.442
Q1102	1	7	4.21	1.306	−0.051	0.223	−0.392	0.442
Q1103	1	7	4.75	1.296	−0.938	0.223	1.150	0.442
Q1202	1	7	3.04	1.208	0.420	0.223	0.463	0.442
Q1203	1	7	3.45	1.442	0.060	0.223	0.849	0.442
Q1204	1	6	2.62	1.247	0.626	0.223	0.135	0.442
Q1301	1	7	3.88	1.415	−0.044	0.223	−0.564	0.442
Q1302	2	7	4.47	1.153	−0.329	0.223	−0.244	0.442
Q1303	2	7	4.55	1.122	−0.517	0.223	0.225	0.442

对企业家诚信的影响因素、维度和结果变量进行赋值,各变量描述性统计结果如表6-38所示。可以看到变量均值之间存在一定差别。在企业家诚信维度方面,守信度方面的均值最高,对企业家诚信的认知更多是从守信方面,其次是在诚实方面,对于诚直与精诚方面的认知偏低。在影响企业家诚信的因素方面,企业竞争能力与企业家的个人利益导向排在前两位,其次为道德素质、功利主义导向、外部约束、利益相关者能力,权力集中度排在最后。

表 6-38　各变量数据的描述性统计

测量项目	最小值 Minnimum	最大值 Maximum	均值 Mean	标准差 Std Deviation
诚实度	2	7	4.839	1.203
守信度	1	7	4.915	1.175
诚直度	2	7	4.339	1.050
精诚度	1	5.5	3.131	0.951
功利主义导向	2.33	6.67	4.436	0.850
道德素质	2.33	6.33	4.534	0.801
利益相关者能力	1.33	7	3.571	1.040
外部约束	2.67	6	3.876	0.746
个人利益导向	1.67	7	4.729	0.908
竞争能力	1.67	7	4.729	0.908
权力集中度	1	6	3.037	1.604
企业家信誉	1.67	6.67	4.302	0.9986

6.3.4　信度与效度分析

效度有内部效度和外部效度,内部效度可以理解为研究者的判断可以取得共识并成为知识的程度,外部效度描述研究者已证实的假设可供推广的程度。内部效度与外部效度的检验基本都要从假设效度、变量设计效度、数据效度和方法效度四个方面进行。经过小样本检测以后修改过的量表,本研究通过专家意见法对量表的效度进行检验,并根据有关意见完善了量表中有关问题的修辞设计。

研究用巴特莱特球形检验和 KMO 检验方法对量表进行单维度检验,以确定是否适合进行因子分析。表 6-39 是有关 KMO 测度和巴特莱特球形检验结果。该结果显示:KMO 值为 0.703,说明该数据适宜做因子分析,表中的巴特莱特球形检验的显著性概率是 0.000,小于 1%,说明数据具有相关性,适宜做因子分析。通过主成分分析法和结合正交旋转中的方差极大法,提取 4 个共同因子。从碎石图(图 6-1)也可以看出,特征值达到 4 以后,碎石图右边曲线趋于平缓,因此,在提取最少因子数的原则下,提取了 4 个因子。因子 1 由测量项目 Q201 和 Q202 反映,因子 2 由测量项目 Q301 和 Q302 反映,因子 3 由测量项目 Q501 和 Q502 反映,因子 4 由测量项目 Q401 和 Q402 反映,研究将根据这些优化后的测量项目进行统计分析。

表 6-39　企业家诚信量表的因子分析报表

诚信维度	题项	因子负荷量			
		因子 1	因子 2	因子 2	因子 4
诚实	Q201	0.862			
	Q202	0.837			
守信	Q301		0.870		
	Q302		0.867		
诚直	Q401				0.943
	Q402				0.543
精诚	Q501			0.874	
	Q502			0.858	
可解释变异量(%)		37.615	54.460	68.959	79.309
累计可解释变异量(%)		24.062	44.586	64.018	79.039
Bartlett 球形检验显著性概率		0.000			
KMO 检验		0.703			

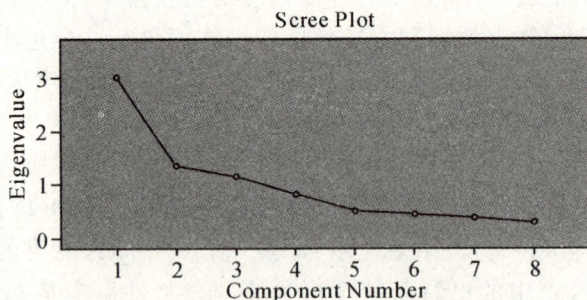

图 6-2　企业家诚信各维度量表的碎石图

　　表 6-40 是有关 KMO 测度和巴特莱恩球形检验结果。该结果显示:KMO 值为 0.761,说明该数据适宜做因子分析,表中的巴特莱特球形检验的显著性概率是 0.000,小于 1%,说明数据具有相关性,适宜做因子分析。通过主成分分析法和结合正交旋转中的方差极大法,提取 8 个共同因子。从碎石图(图 6-3)也可以看出,特征值达到 8 以后,碎石图右边曲线趋于平缓,因此,在提取最少因子数的原则下,提取了 8 个因子。因子 1 由测量项目 Q801、Q802 和 Q803 反映,因子 2 由测量项目 Q1001、Q1002、Q1003 反映,因子 3 由测量项目 Q1202、Q1203、Q1204 反映,因子 4 由测量项目 Q1301、Q1302、Q1303 反映,因子 5 由测量项目 Q901、Q902、Q903 反映,因子 6 由测量项目 Q701、Q702、Q703 反映,因子 7 由测量项目 Q1101、Q1102、Q1103 反映,因子 8 由测量项目 Q601、Q602、Q603 反映,研究将根据这些优化后的测量项目进行统计分析。

表 6-40　影响企业家诚信因素量表的因子分析报表

测量项目	题项	因子负荷量							
		因子 1	因子 2	因子 3	因子 4	因子 5	因子 6	因子 7	因子 8
功利主义导向	Q601								0.798
	Q602								0.653
	Q603								0.642
道德素质	Q701						0.793		
	Q702						0.607		
	Q703						0.681		
利益相关者能力	Q801	0.836							
	Q802	0.657							
	Q803	0.663							
外部约束	Q901					0.815			
	Q902					0.856			
	Q903					0.889			
个人利益导向	Q1001		0.509						
	Q1002		0.602						
	Q1003		0.664						

续表

测量项目	题项	因子负荷量							
		因子1	因子2	因子3	因子4	因子5	因子6	因子7	因子8
竞争能力	Q1101							0.604	
	Q1102							0.602	
	Q1103							0.691	
权力集中度	Q1202			0.749					
	Q1203			0.559					
	Q1204			0.632					
企业家信誉	Q1301				0.825				
	Q1302				0.756				
	Q1303				0.629				
可解释变异量(%)		12.497	11.179	10.774	10.771	7.149	6.531	5.997	5.475
累计可解释变异量(%)		12.497	23.676	34.450	45.222	52.370	58.901	64.898	70.373
Bartlett 球形检验显著性概率		0.000							
KMO 检验		0.761							

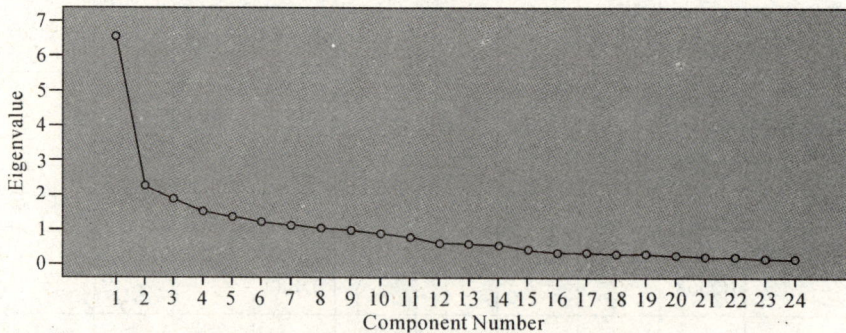

图 6-3   企业家诚信影响因素测量量表碎石图

一般而言,α系数若大于 0.7,则表示信度相当高,介于 0.7 和 0.35 之间,则信度尚可,低于 0.35 则为低信度。本项目所采用量表诸项目的信度系数如表 6-41 所示。绝大部分项目的 α系数在 0.4 以上。对"外部约束"项目的测量信度偏低,α系数只有 0.216,笔者将对该类题项进行适当修改,征求专业人士意见后,发给被访者重新填答。整个量表的 α系数为 0.723,说明该量表具有相当高的信度。

表 6-41　量表的信度分析报表

项目	信度		
	N of Cases	N of Items	Alpha
诚实	118	2	0.791
守信	118	2	0.754
诚直	118	2	0.579
精诚	118	2	0.699
功利主义导向	118	3	0.491
道德素质	118	3	0.411
利益相关者能力	118	3	0.792
外部约束	118	3	0.216
个人利益导向	118	3	0.621
竞争能力	118	3	0.814
权力集中度	118	3	0.750
企业家信誉	118	3	0.733

6.3.5　研究假设的检验

(1)个体因素对企业家诚信影响的方差分析

研究假设检验工作包括两部分:首先采用方差分析检验几个控制变量(企业性质、所属行业、企业规模、成立年限、人均收入、人均教育程度等)与对企业家诚信前因、维度和结果的影响,并根据方差齐性及方差不具有齐性分别选取 LSD 和 Tamhane 方法进行两两比较,以确定控制变量影响的差异表现;其次是运用回归分析进行假设检

验。（见表 6-42）

表 6-42   人均收入对企业家诚信影响的方差分析表

变量	总变差	自由度	F 值	P 值
诚实	109.972	113	1.805	0.133
守信	114.949	113	0.504	0.733
精诚	115.736	113	0.309	0.872
诚直	109.376	113	1.969	0.104
利益相关者能力	112.038	112	0.990	0.416
个人利益导向	111.037	112	1.252	0.293
权力集中度	95.957	112	5.848	0.000
外部约束	112.753	112	0.806	0.524
道德素质	113.326	112	0.661	0.621
竞争能力	107.954	112	2.087	0.087
功利主义导向	114.421	112	0.386	0.818
企业家信誉	103.183	113	3.783	0.006

从上表可以看出，在置信度为 95% 的情况下，企业家诚实、守信、精诚、诚直等维度在不同人均收入水平下没有显著差异，功利主义导向、竞争能力、道德素质、外部约束、个人利益导向、利益相关者能力等表现在不同人均收入水平下没有显著差异，权力集中度与企业家信誉在不同人均收入水平下存在显著差异，显著性概率均小于 0.05。在两两比较结果中，笔者只将在置信度为 95% 的情况下，具有显著统计差异的列示出来，如表 6-43，结果表明，权力集中度在月人均收入 5000 元以下的企业表现更突出，月人均收入在 8000 元以下的企业其企业家信誉受到更大的关注。

表 6-43　LSD 法与 Tamhane 法进行多重比较的结果

变量	方法	(I)收入	(J)收入	Mean Difference(I-J)	Sig
权力集中度	LSD	3000 元以下	6000～8000 元	0.9015	0.012
		3000～4000 元	6000～8000 元	0.8887	0.000
		4000～5000 元	6000～8000 元	1.0584	0.000
		4000～5000 元	8000 元以上	0.6230	0.024
企业家信誉	LSD	3000～4000 元	8000 元以上	0.9298	0.001
		4000～5000 元	8000 元以上	0.9067	0.02
		6000～8000 元	8000 元以上	0.7717	0.008

从表 6-44 可以看出,在置信度为 95% 的情况下,不同教育水平的企业在企业家诚实、守信、精诚、诚直四个维度,以及利益相关者能力、个人利益导向、权力集中度、外部约束、道德素质、竞争能力、功利主义导向、企业家信誉等影响因素方面,不存在显著差异。

表 6-44　教育程度对企业家诚信影响的方差分析表

变量	总变差	自由度	F 值	P 值
诚实	111.5	114	1.874	0.138
守信	116.586	114	0.135	0.939
精诚	113.344	114	0.135	0.939
诚直	114.610	114	1.226	0.304
利益相关者能力	109.177	113	2.354	0.076
个人利益导向	112.380	113	1.213	0.308
权力集中度	113.311	113	0.894	0.447
外部约束	112.802	113	1.086	0.366
道德素质	115.294	113	0.231	0.875
竞争能力	114.543	113	0.479	0.697
功利主义导向	110.881	113	1.739	0.163
企业家信誉	110.550	114	2.217	0.090

从表 6-45 可以发现,企业家诚实、守信、精诚、诚直等维度,以及利益相关者能力、权力集中度、道德素质、竞争能力、企业家信誉等,在不同性质的企业之间没有显著差异,而个人利益导向、外部约束、功利主义导向三方面因素则存在显著差异。在两两比较结果中,笔者只将在置信度为 95% 的情况下,具有显著统计差异的列示出来,如表 6-46,结果表明,相比于国有企业,民营企业、合资企业、外资企业的个人利益导向更为突出,外部约束在不同性质企业之间存在显著差异,民营企业相比于国有企业和外资企业而言面临的外部约束更突出,混合所有制企业相比于外资企业而言面临的外部约束更突出,在功利主义导向方面,合资企业与民营企业之间存在显著差异,合资企业功利主义导向表现更明显。

表 6-45 企业性质对企业家诚信影响的方差分析

变量	总变差	自由度	F 值	P 值
诚实	115.842	113	0.282	0.889
守信	110.373	113	1.696	0.156
精诚	115.327	113	0.410	0.801
诚直	110.227	113	1.736	0.147
利益相关者能力	110.944	112	1.276	0.284
个人利益导向	100.219	112	4.409	0.002
权力集中度	113.334	112	0.659	0.622
外部约束	104.122	112	3.194	0.016
道德素质	108.456	112	1.948	0.107
竞争能力	107.175	112	2.306	0.063
功利主义导向	105.861	112	2.682	0.035
企业家信誉	112.707	113	1.076	0.372

表 6-46 LSD 法与 Tamhane 法进行多重比较结果

变量	方法	(I)企业性质	(J)企业性质	Mean Difference(I-J)	Sig
个人利益导向	LSD	国有企业	民营企业	−0.6022	0.010
		国有企业	合资企业	−0.9931	0.001
		国有企业	外资企业	−1.1910	0.001
外部约束	LSD	国有企业	民营企业	−0.5778	0.015
		民营企业	外资企业	0.8316	0.010
		外资企业	混合企业	−1.3645	0.032
功利主义导向	LSD	民营企业	合资企业	−0.7711	0.003
		合资企业	外资企业	0.7342	0.040

　　通过企业规模对企业家诚信影响的方差分析,如表 6-47 所示,企业家诚实、守信、精诚、诚直,以及权力集中度、外部约束、道德素质、竞争能力、功利主义导向、企业家信誉等,在不同规模企业之间不存在显著差异,利益相关者能力、个人利益导向两个影响企业家诚信的原因变量在不同规模企业之间存在显著差异。在两两比较结果中,笔者只将在置信度为 95% 的情况下,具有显著统计差异的列示出来,如表 6-48,结果表明,利益相关者影响在 50 人以下的企业与 50 人以上的企业之间存在显著差异,50 人以下的企业更易受到利益相关者的影响,个人利益导向在不同规模企业之间存在显著差异,10 人以下企业的个人利益导向比 50 人以上的企业更弱,1000 人以下的企业比 1000 人以上的企业表现出更大的个人利益导向。

表 6-47 企业规模对企业家诚信影响的方差分析

变量	总变差	自由度	F 值	P 值
诚实	112.949	113	1.013	0.404
守信	111.861	113	1.298	0.275
精诚	109.937	113	1.815	0.131
诚直	113.963	113	0.753	0.558
利益相关者能力	101.220	112	4.088	0.004

续表

变量	总变差	自由度	F 值	P 值
个人利益导向	102.332	112	3.740	0.007
权力集中度	109.575	112	1.642	0.169
外部约束	110.859	112	1.298	0.275
道德素质	112.126	112	0.967	0.428
竞争能力	113.057	112	0.729	0.574
功利主义导向	108.805	112	1.851	0.124
企业家信誉	112.873	113	1.033	0.393

表 6-48   LSD 法与 Tamhane 法进行多重比较的结果

变量	方法	(I)企业规模	(J)企业规模	Mean Difference(I-J)	Sig
利益相关者能力	LSD	10 人以下 10 人以下 10—50 人 10—50 人	50—200 人 1000 人以上 50—200 人 1000 人以上	1.2701 1.4227 0.8069 0.9595	0.006 0.004 0.016 0.009
个人利益导向	LSD	10 人以下 10 人以下 50—200 人 200—1000 人	50—200 人 200—1000 人 1000 人以上 1000 人以上	−1.2123 −1.1065 0.7694 0.7176	0.009 0.011 0.006 0.007

　　从表 6-49 可以看出,精诚、个人利益导向、竞争能力等因企业成立期限的不同有显著差异,诚实、守信、诚直、利益相关者能力、权力集中度、外部约束、道德素质、功利主义导向、企业家信誉等不存在显著差异。在两两比较结果中,笔者只将在置信度为 95% 的情况下,具有显著统计差异的列示出来。如表 6-50,结果表明,企业家精诚维度在不同成立年限的企业间表现出显著差异,4—6 年的企业比 7 年以上的企业更能体现出企业家精诚的特征。在个人利益导向方面,企业成立期限越长,这一特征表现越突出,对于 3 年以下的企业,竞争能力的影响更为突出。

表 6-49　企业成立时间对企业家诚信影响的方差分析

变量	总变差	自由度	F 值	P 值
诚实	112.997	114	1.346	0.263
守信	111.861	114	1.344	0.264
精诚	106.327	114	3.815	0.012
诚直	111.210	114	1.978	0.121
利益相关者能力	114.092	113	0.630	0.597
个人利益导向	105.843	113	3.615	0.015
权力集中度	111.319	113	1.584	0.197
外部约束	111.253	113	1.607	0.192
道德素质	115.090	113	0.298	0.827
竞争能力	106.902	113	3.206	0.026
功利主义导向	109.032	113	2.407	0.071
企业家信誉	115.812	114	0.390	0.761

表 6-50　LSD 法与 Tamhane 法进行多重比较结果

变量	方法	(I)成立时间	(J)成立时间	Mean Difference(I-J)	Sig
精诚	Tamhane	4—6 年	7—10 年	0.8560	0.024
		4—6 年	10 年以上	0.7409	0.030
个人利益导向	LSD	3 年以内	4—6 年	−0.9225	0.025
		4—6 年	7—10 年	−0.9157	0.003
竞争能力	LSD	3 年以内	4—6 年	1.1727	0.005
		3 年以内	7—10 年	0.9356	0.022
		3 年以内	10 年以上	1.0787	0.004

　　通过行业属性对企业家前因、维度及结果的影响的方差分析,如表 6-51所示,可以发现诚实、精诚、诚直、利益相关者能力、个人利益导向、企业家信誉等存在显著差异,显著性概率均小于 0.05,因为量表对所属行业类别的设计较为分散,鉴于调查范围的局限性,所以此处不再进行多重比较。

表 6-51　行业属性对企业家诚信影响的方差分析

变量	总变差	自由度	F 值	P 值
诚实	85.862	98	1.870	0.025
守信	98.898	98	0.883	0.604
精诚	86.083	98	1.852	0.027
诚直	79.828	98	2.402	0.003
利益相关者能力	75.603	97	2.728	0.001
个人利益导向	72.507	97	3.062	0.000
权力集中度	88.694	97	1.572	0.079
外部约束	101.460	97	0.732	0.778
道德素质	97.068	97	0.996	0.473
竞争能力	92.248	97	1.315	0.192
功利主义导向	95.750	97	1.080	0.383
企业家信誉	77.889	98	2.590	0.001

（2）假设检验

　　本研究以 Pearson 相关分析来检验利益相关者能力、个人利益导向、权力集中度、外部约束、道德素质、竞争能力、功利主义导向等 7 个自变量与企业家诚实、守信、精诚、诚直之间的相关情形。为了明确相关系数 R 所表示的相关程度大小，根据对相关程度高低评价的一般性看法，研究采用 0.2 和 0.5 作为判断各因素之间相关程度的参照标准。（见表 6-52）

表 6-52　相关系数 R 的相关程度标准

R 值	相关程度
｜R｜＞0.5	高度相关
0.2＜｜R｜＜0.5	中度相关
｜R｜＜0.2	低度相关

　　相关系数的分析结果如表 6-53 所示。从表中数据可以看出：利益相关者能力同诚直之间中度相关，P 值是 0.002，具有小于 0.01 的显著

水平;个人利益导向同诚实和守信中度相关,都具有小于 0.01 的显著
水平;权力集中度同精诚之间存在低度相关,具有小于 0.05 的显著水
平;外部约束同诚实之间中度相关,具有小于 0.01 的显著水平;道德素
质同诚实、守信、精诚、诚直之间不具有相关性;竞争能力同精诚之间中
度相关,具有小于 0.01 的显著水平;功利主义导向同诚实、守信、精诚、
诚直之间不具有相关性;诚实与守信之间是显著相关,具有小于 0.01
的显著水平;诚实与精诚之间中度相关,但是负相关,显著水平小于
0.01;诚实与诚直之间中度相关,但不是正相关而是负相关,显著水平
小于 0.01;守信与精诚之间不具有显著的相关;守信与诚直之间虽是
相关,但也是负相关,显著性水平小于 0.05;精诚与诚直之间中度相
关,显著性水平小于 0.05。

表 6-53　相关分析报表

因变量 自变量	诚实		守信		精诚		诚直	
	R 值	P 值	R 值	P 值	R 值	P 值	R 值	P 值
利益相关 者能力	0.145	0.118	0.165	0.076	−0.049	0.061	−0.281**	0.002
个人利益 导向	0.261**	0.004	0.267**	0.004	0.004	0.964	0.008	0.936
权力集 中度	0.059	0.528	0.143	0.123	−0.185*	0.046	−0.022	0.813
外部约束	0.377**	0.000	−0.019	0.922	0.062	0.504	−0.138	0.137
道德素质	0.002	0.979	−0.009	0.922	0.062	0.504	−0.138	0.137
竞争能力	0.011	0.907	0.034	0.718	0.312**	0.001	0.108	0.245
功利主义 导向	0.054	0.566	−0.059	0.524	−0.085	0.363	0.042	0.650
诚实			0.443**	0.000	−0.256**	0.005	−0.452**	0.000
守信					−0.166	0.073	−0.210*	0.022
精诚							0.227*	0.013

注:"*"表示显著性水平为 5%,"**"表示显著性水平为 1%。

　　企业家诚信的各维度,诚实、守信、精诚与诚直同结果变量企业家信誉之间的相关性分析如表 6-54。表中数据表明,诚实与企业家信誉、守信与企业家信誉、诚直与企业家信誉是显著相关的,而精诚与企业家信誉之间不具有显著的相关性。

表 6-54　相关分析报表

自变量 ＼ 因变量	企业家信誉	
	R 值	P 值
诚实	0.354**	0.000
守信	0.188*	0.041
精诚	0.010	0.091
诚直	0.201*	0.029

注:"*"表示显著性水平为 5％,"**"表示显著性水平为 1％。

　　在进行多元回归分析时,必须注意自变量之间是否存在共线性问题。虽然自变量对因变量都是有意义的,但某些自变量之间共线性过高,会给评价自变量的贡献率带来困难,因此,需要对回归方程中的变量进行共线性诊断。衡量共线性程度的指标主要有容忍度和方差膨胀系数(VIF)。容忍度也就是 $1-R^2$。容忍度值越小,说明自变量 X_i 与其他自变量 X 之间的共线性越强。方差膨胀系数是容忍度的倒数,方差膨胀系数越大,说明自变量之间存在共线性的可能性越大。一般而言,自变量的容忍度大于 0.1、方差膨胀系数小于 10 的范围是可以接受的,表明自变量之间没有共线性问题存在。(见表 6-55)

　　通过共线性分析发现,利益相关者能力、个人利益导向、权力集中度、外部约束、道德素养、竞争能力、功利主义导向等七个变量之间不具有共线性。进行企业家诚实与利益相关者能力、个人利益导向、权力集中度、外部约束、道德素养、竞争能力、功利主义导向之间回归分析,发现个人利益导向和外部约束对企业家诚实具有显著影响,而利益相关者能力、权力集中度、道德素质、竞争能力和功利主义导向对企业家诚实没有显著影响。

表 6-55 影响企业家诚实的多元回归分析

因变量:企业家诚实						共线性检验指标	
自变量	B 系数	标准差	Beta	t 值	p 值	容忍度	VIF
利益相关者能力	0.146	0.084	0.145	1.738	0.085	1.000	1.000
个人利益导向	0.262	0.084	0.261	3.124	0.002	1.000	1.000
权力集中度	0.059	0.084	0.059	0.706	0.482	1.000	1.000
外部约束	0.378	0.084	0.377	4.541	0.000	1.000	1.000
道德素质	0.002	0.084	0.002	0.030	0.976	1.000	1.000
竞争能力	0.011	0.084	0.011	0.130	0.897	1.000	1.000
功利主义导向	0.054	0.084	0.054	0.641	0.532	1.000	1.000

$R^2 = 0.238$ adj$-R^2 = 0.189$ F=4.869 p=0.000

通过对企业家守信与利益相关者能力、个人利益导向、权力集中度、外部约束、道德素养、竞争能力、功利主义导向之间多元回归分析，发现个人利益导对企业家守信有显著影响，而其他因素对企业家守信没有显著影响。（见表 6-56）

表 6-56 影响企业家守信的多元回归分析

因变量:企业家守信						共线性检验指标	
自变量	B 系数	标准差	Beta	t 值	p 值	容忍度	VIF
利益相关者能力	0.166	0.090	0.165	1.840	0.068	1.000	1.000
个人利益导向	0.269	0.090	0.267	2.983	0.004	1.000	1.000
权力集中度	0.144	0.090	0.143	1.598	0.113	1.000	1.000
外部约束	−0.019	0.090	−0.019	−0.208	0.835	1.000	1.000
道德素质	0.009	0.090	−0.009	−0.102	0.919	1.000	1.000
竞争能力	0.034	0.090	0.034	0.377	0.707	1.000	1.000
功利主义导向	0.060	0.090	−0.059	0.508	0.508	1.000	1.000

$R^2 = 0.124$ adj$-R^2 = 0.068$ F=2.211 p=0.039

通过对企业家诚直与利益相关者能力、个人利益导向、权力集中度、外部约束、道德素质、竞争能力、功利主义导向之间的多元回归分析,发现利益相关者能力对企业家诚直具有显著影响,而其他因素对企业家诚直没有显著影响。(见表 6-57)

表 6-57   影响企业家诚直的多元回归分析

因变量:企业家诚直						共线性检验指标	
自变量	B 系数	标准差	Beta	t 值	p 值	容忍度	VIF
自变量	B 系数	标准差	Beta	t 值	p 值	容忍度	VIF
利益相关者能力	−0.281	0.090	−0.281	−3.121	0.002	1.000	1.000
个人利益导向	0.008	0.090	0.008	0.084	0.933	1.000	1.000
权力集中度	−0.022	0.090	−0.022	−0.246	0.806	1.000	1.000
外部约束	−0.066	0.090	−0.066	−0.733	0.465	1.000	1.000
道德素质	−0.138	0.090	−0.138	−1.534	0.128	1.000	1.000
竞争能力	−0.108	0.090	−0.108	−1.203	0.231	1.000	1.000
功利主义导向	0.042	0.090	0.042	0.471	0.638	1.000	1.000

$R^2=0.116$ $adj-R^2=0.060$ $F=2.053$ $p=0.055$

通过对企业家精诚与利益相关者能力、个人利益导向、权力集中度、外部约束、道德素养、竞争能力、功利主义导向之间多元回归分析,发现权力集中度与竞争能力对企业家精诚具有显著影响,而利益相关者能力、个人利益导向、外部约束、道德素养、功利主义导向对企业家诚直没有显著影响。(见表 6-58)

表 6-58   影响企业家精诚的多元回归分析

因变量:企业家精诚						共线性检验指标	
自变量	B 系数	标准差	Beta	t 值	p 值	容忍度	VIF
利益相关者能力	−0.049	0.088	−0.049	−0.559	0.577	1.000	1.000
个人利益导向	0.004	0.088	0.004	0.048	0.962	1.000	1.000
权力集中度	−0.185	0.088	−0.185	−2.117	0.037	1.000	1.000

续表

因变量：企业家精诚					共线性检验指标	
自变量	B 系数	标准差	Beta	t 值	p 值	容忍度	VIF
外部约束	−0.155	0.088	−0.155	−1.775	0.079	1.000	1.000
道德素质	0.063	0.088	0.062	0.715	0.476	1.000	1.000
竞争能力	−0.313	0.088	0.312	−3.575	0.001	1.000	1.000
功利主义导向	−0.085	0.088	−0.085	−0.973	0.333	1.000	1.000

$R^2 = 0.169$　$adj-R^2 = 0.116$　$F = 3.169$　$p = 0.004$

通过对企业家诚实、企业家守信、企业家精诚与企业家诚直之间的共线性检验，容忍度与 VIF 值都在可接受范围之内，变量之间不具有共线性。进行企业家信誉与企业家诸维度变量之间回归分析，发现企业家诚实、企业家守信、企业家诚直对企业家信誉具有显著影响，但企业家诚直对企业家信誉的影响系数是负值。企业精诚对企业家信誉不具有显著影响。（见表 6-59）

表 6-59　企业家信誉与企业家各维度的多元回归分析

因变量：企业家信誉					共线性检验指标	
自变量	B 系数	标准差	Beta	t 值	p 值	容忍度	VIF
自变量	B 系数	标准差	Beta	t 值	p 值	容忍度	VIF
企业家诚实	0.354	0.084	0.354	4.206	0.000	1.000	1.000
企业家守信	0.188	0.084	0.188	2.236	0.027	1.000	1.000
企业家精诚	−0.010	0.084	−0.010	−0.124	0.902	1.000	1.000
企业家诚直	0.201	0.084	0.201	2.391	0.018	1.000	1.000

$R^2 = 0.448$　$adj-R^2 = 0.173$　$F = 0.9096$　$p = 0.000$

通过上述分析，功利主义导向对企业家诚实、守信、精诚与诚直虽然有影响，但不显著，而且对企业家诚实、守信与精诚影响的系数是正值，对企业家诚直的影响才是负值；个人道德素养对企业家诚实、守信、精诚与诚直没有显著影响；利益相关者能力对企业家诚直有显著影响，但对企业家诚实、守信、精诚没有显著影响；外部制度约束对企业家诚实有显著影响但对企业守信、精诚、诚直没有显著影响；个人利益导向企业诚实、对企业家守信都有显著影响，但对企业家诚直、对企业家精诚没有显著影响；企业竞争能力对企业家精诚有显著影响，但对企业家其他三个维度没有显著影响；权力集中度对企业家精诚有显著影响，对企业家其他三个维度没有显著影响企业家诚实、企业家守信、企业家诚直对企业家信誉具有显著影响，但企业家诚直对企业家信誉的影响系数是负值。企业精诚对企业家信誉不具有显著影响。对此前提出的假设的验证情况汇总如表 6-60 所示。

表 6-60　假设验证情况汇总表

假设内容	对应路径	是否支持假设
H1a：诚实与守信之间正相关。	诚实←→守信	支持
H1b：诚实与诚直之间正相关。	诚实←→诚直	不支持
H1c：诚实与精诚之间正相关。	诚实←→精诚	不支持
H2a：守信与诚直之间正相关。	守信←→诚直	不支持
H2b：守信与精诚之间正相关。	守信←→精诚	不支持
H3：诚直与精诚之间正相关。	诚直←→精诚	支持
H4a：功利主义导向越突出，企业家诚实度越低。	功利主义导向→诚实度	不支持
H4b：功利主义导向越突出，企业家守信度越低。	功利主义导向→守信度	不支持
H4c：功利主义导向越突出，企业家诚直度越低。	功利主义导向→诚直度	不支持
H4d：功利主义导向越突出，企业家精诚度越低。	功利主义导向→精诚度	支持
H5a：个人道德素质越高，企业家诚实度越高。	道德素质→诚信度	不支持
H5b：个人道德素质越高，企业家守信度越高。	道德素质→守信度	不支持
H5c：个人道德素质越高，企业家诚直度越高。	道德素质→诚直度	不支持

假设内容	对应路径	是否支持假设
H5d：个人道德素质越高，企业家精诚度越高。	道德素质→精诚度	不支持
H6a：利益相关者能力越强，企业家诚实度越高。	利益相关者能力→诚实度	不支持
H6b：利益相关者能力越强，企业家守信度越高。	利益相关者能力→守信度	不支持
H6c：利益相关者能力越强，企业家诚直度越高。	利益相关者能力→诚直度	支持
H6d：利益相关者能力越强，企业家精诚度越高。	利益相关者能力→精诚度	不支持
H7a：外部制度约束越强，企业家诚实度越高。	外部制度约束→诚实度	支持
H7b：外部制度约束越强，企业家守信度越高。	外部制度约束→守信度	不支持
H7c：外部制度约束越强，企业家诚直度越高。	外部制度约束→诚直度	不支持
H7d：外部制度约束越强，企业家精诚度越高。	外部制度约束→精诚度	不支持
H8a：个人利益导向越突出，企业家诚实度越低。	个人利益导向→诚实度	支持
H8b：个人利益导向越突出，企业家守信度越低。	个人利益导向→守信度	支持
H8c：个人利益导向越突出，企业家诚直度越低。	个人利益导向→诚直度	不支持
H8d：个人利益导向越突出，企业家精诚度越低。	个人利益导向→精诚度	不支持
H9a：企业竞争能力越强，企业家诚实度越高。	竞争能力→诚实度	不支持

续表

假设内容	对应路径	是否支持假设
H9b:企业竞争能力越强,企业家守信度越高。	竞争能力→守信度	不支持
H9c:企业竞争能力越强,企业家诚直度越高。	竞争能力→诚直度	不支持
H9d:企业竞争能力越强,企业家精诚度越高。	竞争能力→精诚度	不支持
H10a:权力越集中,企业家诚实度越低。	权力集中度→诚实度	不支持
H10b:权力越集中,企业家守信度越低	权力集中度→守信度	不支持
H10c:权力越集中,企业家诚直度越低。	权力集中度→诚直度	不支持
H10d:权力越集中,企业家精诚度越低。	权力集中度→精诚度	支持
H11:企业家诚实度越高,企业家信誉越高。	诚实度→企业家信誉	支持
H12:企业家守信度越高,企业家信誉越高。	守信度→企业家信誉	支持
H13:企业家诚直度越高,企业家信誉越高。	诚直度→企业家信誉	支持
H14:企业家精诚度越高,企业家信誉越高。	精诚度→企业家信誉	不支持

综合以上分析,假设 H1a、H3、H4d、H6c、H7a、H8a、H8b、H9d、H10d、H11、H12、H13 得到支持。功利主义导向对企业家精诚维度有显著影响,利益相关者能力对企业家诚直维度有显著影响,外部制度约束对企业家诚实维度有显著影响,个人利益导向对企业家诚实维度和企业家守信维度有显著影响;企业竞争能力对企业家精诚维度有显著影响,但当企业竞争能力越强时,企业家精诚度不是越高而是越低,权力集中度对企业家精诚维度有显著影响。企业家诚实、守信、诚直对企业家信誉有显著影响,而企业家精诚对企业家信誉的影响不显著。

第 7 章　企业家诚信决策案例分析

通过前文的理论与实证分析,对企业家诚信的原因、维度与结果之间的关系形成了基本的判断。诚实、守信与诚直同企业家信誉有直接的关联,而体现诚信一致性要求的精诚同企业家信誉之间的关系并未得到支持。功利主义导向、利益相关者能力、个人利益导向、外部制度约束、竞争能力与权力集中度等变量对企业家诚信的各维度有显著影响,但每个前因并非与企业家诚信的四个维度都有显著关系,而是对某个层面有显著影响。上一章对变量之间的关系仅仅给出了判断,但对于变量间联系的特征及发生或没有发生这种联系的原因没有进行描述与解释。本章将借助案例分析的方法,将抽象的变量间的关系置于更为具体的情境中去刻画与解释,以建立对企业家诚信行为更清晰、全面的理解。

本章采取的基本方法是案例研究方法。案例研究最适合研究"怎么样"和"为什么"类型的问题,由于"怎么样"和"为什么"之类的问题需要按照时间顺序追溯相互关联的各种事件,并找出它们之间的联系,而不仅研究它们出现的频率和范围,因此,这类问题更富有解释性。案例研究方法和统计分析方法不同,它采用分析归纳的思路,所以不能用统计分析中样本量大小的标准来衡量案例研究的效度,案例研究的目标是"归纳"分析,而不是"列举"分析。和大样本研究获取数据的方法相比,案例研究是有获取极其丰富、详细和深入的信息的优势。对于企业家诚信决策的深度分析,就是需要在实证研究的基础上,对变量间的关系进行更为形象化的描述,回答"怎么样"和"为什么"的问题。企业家诚信决策是在复杂的环境下进行的,是多方面力量平衡的结果,企业家在来自于股东、员工、消费者、政府等多种利益诉求的格局中进行抉择,而且这些来自不同方面的声音往往存在明显的冲突。案例研究方法适合于探讨这类只有在特定情境下才能对行为主体进行解释的情况。

案例研究法的运用关键要处理好三个问题。第一是要明确案例反映的典型问题,案例不是众多素材的简单堆积,而是要突出一个问题,所有的材料应该同这个问题有直接的联系。第二是对情景的刻画,就是对决策者在特定情况下面对的矛盾及环境条件进行全面细致的描述,使分析者能对决策问题有全景式的了解。第三是建立分析判断的理论参照,即形成对案例中变量关系或事件之间联系进行判断与解释的依据。

本文选择了四个案例,借助 A 企业的案例,在前文实证研究结果的基础上,对企业家诚信中各变量的关系进行了较为全面的分析,B、C、D 等三个案例着重对个别变量间的关系进行了解释,其中 B 案例探讨竞争能力、权力集中度与企业家诚信行为的关系,C 案例探讨制度约束与企业家诚信行为的关系,D 案例探讨功利主义导向、个人利益导向同企业家诚信行为的关系。

7.1　案例分析

7.1.1　案例一:A 企业在杜撰历史中获取竞争优势

(1)案例介绍

A 企业是浙江省宁波市一家以休闲农业旅游为主要业务的山庄,企业地处宁波西南,古老的剡溪从山庄旁流过。剡溪是一条有着丰富历史故事的宁波母亲河。李白、杜甫、谢晋、王羲之等众多名士的笔下对剡溪多有吟咏之句。随着旅游业的发展及城市人渴望回归自然的热情的高涨,剡溪两岸出现了近百家休闲旅游山庄,竞争日益激烈。

A 企业的负责人赵总原本是国有企业的职工,后来办工厂积攒了一定实力。赵总是远近闻名的孝子,而且不仅对自己的母亲,对村里的老人也是非常尊敬,积极支持村里的爱老敬老事业,每逢重阳节都要在山庄举办大型宴席,免费为老人们庆贺。赵总还是一个慈善家,为当地的路桥建设与教育事业捐赠颇多。通过对与其接触的人了解,几乎所有的人都挑起大拇指,称赞他的诚实、厚道、孝顺、勤劳与精明。

这个山庄规模比较大,占地将近 1500 亩,有山有水,住宿、餐饮、娱乐等设施也很齐全,而且有自己的蔬菜种植基地。同周围的小型山庄相比,竞争优势很明显。山庄多次被评为星级单位,发展上也受到当地政府的格外照顾。2009 年剡溪洪水冲垮了山庄附近的桥梁,政府专款修复,并且还为山庄囤积起一个比原来水面更大的湖泊,山庄因之增色很多。

山庄原来主要依靠餐饮获取利润,但随着附近竞争者的日益增多,餐饮的回报越来越少。为了谋取竞争优势,赵总开始打起了文化牌。他请工人将山上的一个洞穴进行了修整,然后对外宣传说这是当年黄巢从山东逃到宁波后隐居的地方,而且附近的山洞还有其藏兵与打造兵器的地方。他又请懂得餐饮的朋友开发了几道新菜,并以王羲之的名义编了许多故事,给每道菜都起了好听的名字。诸如此类的做法想了很多。因为文化的加入,山庄的形象同其他竞争者之间形成了显著的差异。很多人慕名而来,有些旅游开发投资商也希望同他合作,共同开发所谓的黄巢隐居地。政府因而也更加关注和照顾这个山庄了。

赵总对自己的做法并没有隐藏,虽然没有对客人讲明,但很多朋友都是知道的。附近的村里人也很清楚山里究竟有什么或没有什么。笔者在访谈的时候了解到,村里人和赵总的朋友并没有指责他胡编乱造,而是赞扬他聪明、具有商业意识,村里人因为能获得更多挣钱的机会,更是支持老赵的做法。政府因为能有机会培育出一个更大规模的乡村旅游企业,也是持支持态度。旅游开发投资商则是鼓励老赵能将故事编的再大一些,玄一些,并多次请专业人士帮助其策划历史故事。来参观游玩的客人虽然有的人表示怀疑,但也没有过多计较,有些人似乎见怪不怪,对故事不感兴趣,而是将更多的注意力放在吃农家菜上。

（2）案例分析

从这个案例中赵总经营山庄的总体情况来看,企业家诚实、守信、诚直同企业家信誉之间的关系得到了验证,也就是说赵总的声誉很大程度上来自于他的诚实、守信与诚直。但需要说明的是,山庄周围的人对赵总诚信的评价在特定范围内是有差异的,或者说对于赵总某些商业策略上的不诚信行为,周围的人是可以接受,甚至是支持的。这说明,诚实、守信、诚直同企业家声誉的联系有一定的生存背景,构成这种背景的关键因素是相关群体对诚信的认知与接受范围。在我国当前的社会环境下,某些不诚信的商业行为是能够被接受的,而且在特定情况下会受到推崇,因此部分非诚信的行为同样可能获得好的声誉。本例中显示出来的精诚同企业家声誉的关系同前面实证检验的结果是一致的。赵总在经营 A 企业的过程中并没有保持系统在诚信方面的一致性,但同样可以获得好的声誉,表明精诚对企业家声誉并没有显著影响。

企业竞争能力与企业家诚实、守信、诚直、精诚等维度的关系在本案例中也得到了体现。A 企业在当地的竞争能力是比较强的,但这种竞争优势并没有带来企业家决策的诚实、守信与诚直,而是成为企业家建立更大谎言的资源。这在一定程度上印证了实证研究中得出的判断,竞争能力越高,企业家精诚度越低。三鹿奶粉事件、丰田汽车安全事件等频繁发生的很多大企业违信的事件证明了这一点,当竞争能力提高的时候,企业诚信水准可能未必提高,相反会下降。

并没有相关的法律制度规定不准编故事挣钱,因此,A 企业的案例进一步证明了外部制度约束对企业家诚信的影响。利益相关者能力是影响企业家诚直的重要因素,这一判断通过前面的实证研究已经得出。这个案例再次证明了这一点,因为来山庄的游客要具备相当的专业水准才能识别出故事的真假。此外,这个案例还表明,当利益相关者无意识去维护自己的利益的时候,利益相关者能力同企业家诚信的联系未必能建立起来。赵总的个人品质受到普遍赞誉,但其个人的道德素质同商业的诚信行为并非一定有必然的联系,尤其是在某些方面,道德素质高的人未必就一定坚守诚信准则。这一点同此前实证研究的结果是一致的。

功利主义是以结果为导向的,在商业领域则是以利润最大化为导向。赵总通过编历史故事提升企业品牌价值的做法恰恰是奉行功利主义的表现,也是导致其诚信在不同层面出现显著不一致的重要原因,虽然功利主义导向未必导致不诚实、不守信、不诚直,但必然会导致诚信在系统上的不一致,就是说降低精诚度。这是当前企业诚信面临的最大问题,许多企业家认为商业领域的唯利是图是合乎逻辑的、正常的,当公共规制没有完全建立起来之前,越来越到的人开始认同或接受这种态度,非诚信存在空间与社会容忍度就被进一步放大。

7.1.2　案例二:B培训公司的扩张之路

（1）案例介绍

B公司是浙江省一家著名的户外运动培训机构。公司成立于1994年,主要从事户外运动训练、拓展培训、企业团队训练、企业旅游等业务,经过十几年的发展,公司已经成长为业界的榜样。公司目前有多家分支机构,从业人员近百名,年业务收入在一千万左右。

B公司从创业之初至今业务收入的主要来源是为企业客户提供团队培训服务,其培训采用体验式的活动为主要方式,一般在户外进行,而且大多借助于高空组合架、岩壁、河流等人工或自然的条件,因此具有非常高的危险性。这种培训服务需要小班教学,每个团队一般在12人左右,这样才能保证团队中每个人的充分参与。而且为了保证安全,团队规模也必须进行控制。为了保证培训效果与安全,要求为每个团队配备主讲培训师1名,安全助理2名。培训基地的场地是租来的,培训设施则是公司自建的。培训过程中发生的主要费用是培训师与工作人员的工资及设备折损。

在2005年以前,因为从事这类培训的机构不是很多,地区市场对该类培训的新鲜感也比较强,公司处于绝对的优势地位,单位学员贡献毛利率在70%左右。公司也始终坚持课程质量标准,在培训师选择、团队规模控制、安全助理配备等方面一直是高标准高要求。最近几年,类似的培训机构不断涌现,而且越来越多的企业对这类培训更加了解,培训价格不断下降,利润越来越薄。为了保证企业的收入与骨干人员的薪资水平,公司要求适当增加培训团队的规模,有的时候20个人会在一起培训,而且不再为团队配备专门的安全助理,而是要求培训师组织学员自我保护。在培训师的选拔上,公司也放松了标准,甚至会对在校的大学生进行包装,然后对外说他们具有对多家企业的培训经历,是业界知名的培训专家。

企业有培训质量委员会,培训专家、安全专家是其中的主要成员,但公司总经理对委员会形成的决议有绝对的控制权,因此,大家虽然对这种操作表示担忧,但却也没有办法。原来的几个老资格的培训专家,因为同总经理的意见不合,纷纷离职。

看到原本的业务领域竞争日益激烈,公司准备开拓管理咨询业务。

从2008年开始,公司将主要资金投入管理咨询类服务的开发。但因为该类业务的培养需要较长的市场周期,而且公司也缺乏在这一领域服务的经验,因此究竟管理咨询会不会成为新的利润增长点还是一个需要进一步检验的命题。为了利用公司在户外培训方面的品牌影响力,公司开始建设新的培训基地,并大规模招聘兼职培训师。在规模扩张的同时,公司加大了的品牌包装与培训师包装的力度。在访谈中,笔者了解到,企业培训师普遍反映公司的形象越来越好看,但培训质量大不如前,实际的培训效果同客户支持价格之间存在比较大的距离。

　　(2)案例分析

　　B公司从事的培训业务采用体验式的方式,客户主要是企业高管,大部分活动带有很高的危险性,为了保证培训效果与安全,对团队的人数及培训师资的配备有业界通行的准则。公司以提供高质量培训服务的承诺要求客户支付高于其他培训机构的价格。但在实际操作中,却存在过度包装培训师的行为,为了节省成本,扩大了团队中的人数,而且减少了安全人员的投入。笔者认为这是很典型的失信行为。

　　第一个案例已经表明企业竞争能力同企业家诚信没有必然的联系,企业竞争能力强未必就意味着企业家会走向诚信,本案例进一步印证了这一点。B企业年业务收入将近一千万元,这在培训领域是非常值得骄傲的业绩,B企业在地区市场上也算是大佬一级的企业了。但企业在利益与诚信之间还是选择向利益妥协。经常会听到有些中小企业的老板们说,小企业会为了生存做一些不道德的事情,等到企业发展壮大了,有实力了,就会走向规范,成为一个诚信的社会公民。而实际的情况并非如此,当企业竞争能力增强以后,企业家的诚信不会相应的增长。笔者认为,其中的原因是:企业竞争能力的增长相应会带来企业对更大战略目标的渴求,相比于更大的战略目标或经济利益追求,竞争能力永远是弱的。也就是说,企业竞争能力强弱评价的参考并不是其他企业,而是企业自身的发展目标。因此,不能由甲企业比乙企业竞争力强,就推度甲企业更有可能诚信。此外,当企业竞争能力增强以后,往往意味着企业要投入更多来维护这种竞争优势,企业生存的压力随之会上升,因此,也可能会选择通过失信获取更多的利益。综上所述,竞争能力强弱同企业家诚信之间没有必然联系。所以,因为中小企业生存压力大就放松对其监管,以期望在这些企业发展壮大以后会自然走向诚信之路,这种路径是不符合逻辑的。

B企业近十几年的发展表现出诚信度的变化,权力集中是一个关键性的问题。总经理控制决策,控制对质量管理的具体安排,他以商人的思维来考虑一切。虽然培训师、安全管理人员在公司委员会中有表达的机会,但却对最后的决策没有实质性的影响。总经理同培训师的利益并非完全一致,因为一旦出现安全问题,这个企业可以继续经营下去,但当事的培训师可能就要永远告别这一领域。如果能有更为有力的外部或内部措施保证培训师的利益诉求,对总经理的权力进行一定制衡,情况就会有所不同。所以,权力集中度同企业家诚信行为有直接的联系,权力集中度高低同企业家的诚实、守信与诚直未必有直接联系,但却可能因为企业家个人行为的随意性而带来系统诚信的不一致性,即企业家精诚的变化。其中企业家个人的道德素养是重要的中间变量。在权力集中度高,企业家道德素养高的情况下,企业精诚度同样高;当权力集中度高,企业家道德素养不高的情况下,企业精诚度就会比较低。

7.1.3 案例三:C食品有限公司的非法用工

(1)案例介绍

C企业是一家专业从事卫生安全、绿色健康食品开发研究和生产销售,集科、工、农、贸于一体的现代化综合性大型企业集团,是国家级农业龙头产业化骨干企业。被国家认定"国家卫生安全全面达标食品",国家权威机构认证"质量信得过好产品"。C企业商标是中国名牌、中国驰名商标,C企业是我国地方三农典范企业,被授予"中国社会主义新农村建设功勋企业",C企业董事长被授予"中国百名农业产业化领军人物"。集团公司在江西投资了1亿多元人民币,建立了农产品加工基地,在新疆投资建立了番茄酱、辣椒酱生产加工基地,公司总占地28.5万平方米,拥有国际化标准、符合各类食品加工的高标准、现代化厂房,和1000吨现代化多功能、智能化冷库,是生产绿色健康、卫生安全可靠食品的理想生产基地。目前,公司拥有罐头、饮料、软包装、软罐头、冷冻食品、腌制食品、生物食品、调味食品等八大系列食品,以及马口铁、制罐、彩印、涂补等三大类马口铁空罐包装生产线。其中水果罐头生产、销售居全国行业单厂第一位,番茄酱小罐分装生产、销售占全国行业第二位,马口铁制罐是全国行业前三位,为浙江省最大的马口铁制罐工厂。公司在食品生产和食品马口铁罐包装生产上,全部实行先进科学的 ISO9000、HACCP、QS、和生产现场 6S 管理体系作业,并经美国及 FDA 登记及西思科认证企业。集团公司年出口创汇近 1.5 亿美金,产品出口日本、美国、欧洲、中东、非洲等五大洲市场,国内销售达 3.5 亿人民币,处于我国行业领先地位,是我国罐头、食品行业的强势企业。

公司对外宣称人力资源管理坚持以下基本策略。第一,提高员工的工资、福利待遇。对智力型员工来说,薪金是衡量自我价值的尺度,高出市场平均价的薪金会让员工感到企业对他们的器重。在薪酬设计上,要以人的能力为基础,体现企业组织不同层级的员工所具有的不同价值。福利待遇一直是企业吸引和留住重要员工的手段,有许多人在选择公司时将企业能否提供具有竞争力的福利作为重要砝码。第二,提供与工作成绩挂钩的报偿。在完善员工绩效考核制度前提下,把员工的贡献收益与企业的发展前景紧紧捆绑在一起,一种可行的方式是风险同担,利益共享,如分配股权或股票期权等。第三,满足精神需求。物质利益固然是发挥积极性的基本因素,但精神需求也是一种巨大的推动力,是较物质需求更高层次的需求,可以持久地发挥作用。因此,在提高知识型员工的综合待遇时,还要侧重工作满足感,包括工作的挑战性和趣味性,允许创造性和实现个人满足等内容;成绩的认同,包括同事和上司对其工作成绩的认同等都是非常经济的方法。

工人在这个工厂里要超负荷工作,一天上 12 个小时的班。有的人上夜班,晚上五点半上班,早上五点半才下班。在每天长达 10 多个小时的工作时间里,他们必须始终站着,并且在毫无劳动保护措施的情况下将手直接浸泡在果汁儿里,由于不准戴手套,一天工作下来,他们的双手往往由于果汁的腐蚀被泡烂,双腿也会因为长期站立出现浮肿。公司在招工之前承诺提供保底工资,但工作以后保底工资也变成了计件工资。而且工人们所居住的拥挤简陋的工人宿舍的水费、电费、房租费也要样样从工资里面被扣除。工厂的伙食却非常差,几乎每天都是水煮豆芽,冬瓜、白菜等等,一点油水都没有。只吃这些东西,根本没有力气干活。

C 企业采取委托包公头招工的形式,企业会与包工头签订合作协议。在这份协议上明确地标注着乙方工头招收工人进入企业后双方的责任。在对乙方也就是工头的职责约定中,工头的职责是必须严格管理所带人员的安全、生活、劳动、纪律、出勤率等,保障甲方的正常生产。如果因为工头所招聘的工人出现擅自离职或旷工的,工头必须为此承担一切经济损失。此外,协议书中对乙方工头的招工补贴也做出了具体规定。就是工头每招 100 人以下按每人 150 元从公司领取补贴,每招 100－200 人,工头就可以按每个人 170 元的标准从公司获得报酬,而招 200 人以上的,公司则按每人 180 元的标准发给工头补贴。另外加上工人工资总额的 3% 管理费。

在 2006 年公司被曝出非常使用童工的行为,在非法使用童工事件中,被处以 11 万元的罚款。而这一次,由于屡次违反劳动法他们有可能面临更为"严厉"的处罚。

(2)案例分析

很难想象在 21 世纪居然还有类似"包身工"的事情发生,而且是发生在头顶多项光环的大型企业之内。C 企业案例充分表明,诚实与守信并非企业家诚信的本体内容,基于主体身份资格平等的诚直才是最重要的。C 企业并没有说假话,也没有言而无信,但却通过设立包工头这种制度传递了一种极度的不公平,让工人们被迫接受所谓的诚信条款。

在实证研究环节,本文得出的判断是利益相关者能力同企业家诚直之间存在显著的联系,即利益相关者能力越强企业家诚直度越高,就越能体现对利益相关者主体利益的关注。在本案例中,工人之所以能接受如此恶劣的条件,根本原因是工人自身生存与发展的能力太弱,从而没有能力同企业家们谈判,所以难以获得交易中的平等资格。公共管理部门在处理该事件过程中的暧昧态度则进一步加剧了企业与工人之间力量的不平衡性。C 企业非法用工行为并非一次,也并非一时,而相关部门却没有提出有效的解决方案,似乎在一定程度上维护了资方的利益。从处罚情况来看,非法使用童工所得到的处罚无非是 11 万元的罚款,这对一个大型企业集团来讲又有什么影响呢。从中可以看出几个变量之间的关系:制度约束影响利益相关者同企业家力量对比的格局,进而影响企业家对诚信的态度与行为选择。

7.1.4 案例四:秦池在"标王"争夺中没落

(1)案例介绍

秦池酒业掌门人姬长孔是一位正营级退伍军人。最初来到山东省潍坊市临朐县秦池酒厂报到的时候,几间低矮的平房,一地的大瓦缸,厂里的杂草长得有一人多高,全厂 500 多个工人有一半想往外走。这家 1990 年 3 月正式领到工商执照的酒厂,只是山东无数个不景气的小酒厂中的一个,每年白酒产量一万吨左右,产品从来没有跑出过潍坊地区。

秦池酒业是国有企业,工作效率不高,市场意识淡薄,产品在市场上缺少影响力,谈不上什么品牌。到秦池报到数月后,姬长孔开始他对秦池的市场化攻坚过程。企业进行市场运作的第一战在沈阳开始。在沈阳,姬长孔完成了一次极其漂亮的销售"战役"。他先是在当地电视台买断段位,密集投放广告;然后带着手下的推销员跑到街上,沿街请市民免费品尝秦池白酒;最轰动的一招是,他租用了一艘大飞艇在沈阳闹市区的上空游弋,然后撒下数万张广告传单,一时间场面十分壮观而混乱。20 天不到,秦池酒在沈阳已开始为人熟知并热销。姬长孔迅速在媒体上发布"秦池白酒在沈阳脱销"的新闻。

仅仅一年时间,价位较低而宣传手段大胆的秦池酒在东北市场上蔓延开来,销售额节节上升。这段时间,姬长孔长期转战各地,他住十来元甚至几元钱一天的地下室,每天吃的主食是面条,他还指令从临朐开出的运货车里必须带上一大袋子青菜。这期间的节俭与日后他在梅地亚中心的一掷亿金构成了鲜明的对照。

1994 年,在当地政府的支持下,秦池山东秦池酒厂以 6666 万元竞得到中央电视台的"标王",高出第二位将近 300 万元。1996 年,根据秦池对外通报的数据,当年度企业实现销售收入 9.8 亿元,利税 2.2 亿元,增长五到六倍。1996 年 11 月 8 日,早已名满天下的姬长孔再次来到梅地亚。秦池酒投标金额为 3.212,118 亿元。有记者问,秦池的这个数字是怎么计算出来的? 姬长孔回答:这是我的手机号码。这样的对答,仿佛是一个让人哑然的黑色幽默。

如果秦池不第二次中标,那么其销售量肯定会直线下降。前任"标王"孔府宴酒便是前车之鉴。对于一个富有挑战精神的企业家来说,这不仅意味着企业的死亡,实际上也意味着企业家生命的终结,这是绝对不可接受的。

暴风雨往往突然而来。1997 年初的一则关于"秦池白酒是用川酒勾兑"的系列新闻报道,把秦池推进了无法自辩的大泥潭。

就在秦池蝉联中央台"标王"的同时,北京《经济参考报》的四位记者便开始了对秦池的一次暗访调查。一个县级小酒厂,怎么能生产出 15 亿元销售额的白酒呢? 在邛崃县,记者找到当地一家叫"春泉"的白酒厂。据称,秦池的散酒主要是由这家企业在当地收购后提供的。一个从未被公众知晓的事实终于尴尬地浮出了水面:秦池每年的原酒生产能力只有 3000 吨左右,他们从四川收购了大量的散酒,再加上本厂的原酒、酒精,勾兑成低度酒,然后以"秦池古酒"、"秦池特曲"等品牌销往全国市场。

《经济参考报》的报道刊于 1997 年 1 月中上旬,它们迅速像滚雷一般地传播到了全国各地,几乎是在很短的时间里,这则报道被国内无数家报刊转载。还沉浸在喜悦之中的秦池遭遇到了最猝不及防的一击。

(2)案例分析

关于秦池案例的分析有许多种观点,甚至有相当一部分人为这个近似疯狂的骗局而感到惋惜。对秦池失败原因的归结,大多集中于战略上的失败。笔者认为秦池毁于功利主义价值观下诚信的缺失。

秦池是国有企业,地方政府与企业的利益是一致的,或者说监管者与被监管者的利益是一致的,这就形成了外部约束的缺位。而根据前面理论分析框架,在缺少外部约束的条件下,企业家的诚信是难以保证的。没有制度约束,所有的权力集中于一人,在沈阳市场化运作初步成功以后,这种个人主义进一步膨胀,而在中央电视台第一次取得"标王"以后,个人主义达到了难以回头的地步。缺少外部制度、权力集中、个人主义三者之间密切联系,共同编制者一个骇人的商业故事。而这个故事之所以能够产生,根源则在于特定社会结构所造成的功利主义导向价值观,这种价值观成为企业家奉行的准则,成为评价你是否是英雄的标准。

类似于秦池的案例有很多,沈阳飞龙、乐华集团、三株集团、小鸭电器、旭日升饮料等诸多倒下去的商业巨人,都是在功利主义的风中起飞,又在功利主义的浪潮中湮没。从类似的案例可以发现,在企业发展的早期,企业家一般会坚守诚信原则,因此并不能确定功利主义会导致企业家失信。但随着企业自身及外部环境的变化,在以功利性的结果为企业绩效根本评价依据的指导下,企业家们可能会选择不诚信的行为以保护企业利益。秦池为了争夺第二次中央电视台的"标王"不惜拼上身家性命,就是因为担心失去"标王"会失去市场,而为了能弥补这次争夺标王付出的成本,企业就不得不采取不正当手段弥补本身产能上的不足。尤其是在缺少外部制度约束的情况下,企业家保持诚信一致性的持久性是要接受巨大考验的。众多案例表明,功利主义导向的社会环境下,企业家诚信行为更可能出现不稳定性,就是企业系统精诚度的下降。尤其是在缺少外部监管的社会环境中,当失信可以轻易获取到利益的时候,就没有人愿意经由正常的路径去赚钱。综上所述,功利主义导向的价值观是影响企业家诚信稳定性的重要因素,外部治理环境会对这种影响发挥调适作用。

7.2 结果讨论

通过上述分析,笔者在此处对相关判断进行归纳与提炼,以期对企业家诚信行为有更深入、全面的认识,从如下五个方面进行诠释。

7.2.1 企业家诚信的"孤立性"特征

综合本章案例分析与前面理论及实证研究的结果,笔者认为对企业家诚信的认知应当以特定的社会文化环境为背景。人的行为是嵌入于特定的社会网络之中的,一种社会行为现象也需要在特定的背景之下才能给出适当的解释。改革开放以后,经济发展高速向前,在收入水平、教育水平、社会开放程度等在短时间内发生显著变换的同时,文化与社会制度建设相对之后,从而形成了一种不和谐的局面:人的欲望快速膨胀,但社会缺少对这种欲望进行引导和约束的手段。在这样一种背景下,功利主义的观念深入人心,尤其是在商业领域,相比于诚信而言,利益具有更强的声音。本章所分析的四个案例,都反映了这一点。笔者认为"孤立性"是当前企业家诚信的基本特征,这种"孤立性"集中表现为企业家回报与诚信之间缺少联系,就是说企业家高诚信未必等于高回报,而低诚信度则更容易获取超额回报。更为形象的表现是企业家个人诚信同企业家角色诚信之间的不一致性,即一个人作为企业家应当承担的诚信责任同其作为社会一员应当承担的诚信责任之间是存在冲突的,这表明关于企业家诚信体系的不连续性,这也是为什么当前企业家诚信状况令人忧虑的直接原因。当制度制订者的利益同企业家们的利益把持比较高的联系的时候,原本应当成为协调不同利益群体关系的公共制度则成为帮助企业家强化功利主义导向的手段,从而更加削弱了企业家诚信系统诸要素之间的内在联系。因此,笔者认为提升企业家诚信水平的首要任务是破除这种"孤立性",建立企业家个人诚信与企业家角色诚信之间、企业家诚信与企业家回报之间、企业家同利益相关群体之间的沟通通道。

7.2.2　社会价值观对企业家诚信水平有直接影响

社会价值观念是以社会的一定群体为主体,以某一类社会现象为客体的关于主客体之间价值关系的观念反映,它是社会群体基于其生存和发展的需要对于某一类社会现象的基本看法和态度。作为社会规范核心内容的社会价值观念,乃是为社会所认同的理性价值判断,是人们应该共同遵循的价值思维模式,它具有标准性、规范性、主导性。也可以说,社会价值观念是一种判断是非曲直、真善美与假恶丑的准则,它为人们的行为指出什么是应该的和必须的,什么是不应该的和不必要的;社会价值观是人们对周围事物的评价以及由此而采取的行为取向,它是人们行为的方向和动力。社会价值观作为意识形态领域的重要组成部分,必然要受社会经济结构、经济方式和经济利益的支配。不同地区、不同时代、不同民族与国家,价值观各不同。因而,社会价值观本身较为集中地透现出一个民族或一个社会的内在个性和整体文化风貌。因此,可以说社会价值观,是指一个社会中所有的社会群体进行评价活动所形成的共同的价值观念,社会价值观作为一个社会时代精神的内核,渗透到社会的各个方面,在全社会发挥着导向功能、凝聚功能和整合功能。

人们对企业家责任的理解与评价是社会价值观念影响之下的结果。A 企业老总杜撰历史故事受到大家的称赞,B 企业放松对培训产品质量的标准被认为是合理选择,C 企业非法雇佣也能得到社会"理解",等等类似失信行为受到如此大的社会宽容,这表明对企业家行为价值判断的基本导向是值得深思的。对比社会价值观之下企业家诚信表现的差异,可以清晰地发现,社会价值观影响人们对价值理性的判断,进而影响对主体行为评判标准的形成,并进一步引致不同的行为结果。当前,人们对企业家成功与否的判断标准过于集中经济性的指标,包括相关制度设计也是以经济利益最大化为重要参考,这样就导致企业家行为无论在道德上还是在制度上都缺少必要的约束,致使非诚信行为获得充分的存在理由与存在条件。

7.2.3 企业家个人道德素养同企业家诚信之间没有直接联系

本章案例分析与前文的实证研究都表明,企业家个人道德素养同企业家诚信之间没有必然的联系。社会角色是指与人们的某种社会地位、身份相一致的一整套权利、义务的规范与行为模式,它是人们对具有特定身份的人的行为期望,它构成社会群体或组织的基础。每个人在社会生活中都扮演着多重角色,每种角色都对应着特定的情景及相应的规则。而不同角色背景之间可能存在中断或冲突,案例 A 中的赵总在生活上是一个非常诚实守信的人,受到周围人的一致好评。但在生意场上,他坚信自己杜撰历史故事、加大市场宣传的手法并不是丧失诚信的行为。正如赵总一样,很多人坚持认为商场有商场的规则,在利益最大化的目标之下,原本在生活中不能被容忍的事情,在商业领域里是可以接受,甚至是值得推崇的。可以说,作为企业家个人的诚信与作为企业家角色的诚信是两种不同的标准。这一点在个人征信制度并不健全的社会环境中尤为突出。美国、日本、德国等发达国家在个人征信制度方面非常健全,在不同的社会情景中,个人从事的具体行为虽然有差异,但对于诚信的要求却具有高度的一致性,因而诚信在不同情境中是能彼此联系的。企业家无论是在个人生活上还是在商场上,社会对其诚信的考量有前后的关联,因此,企业家个人诚信同企业家角色诚信之间保持比较好的一致性。通过国内外两种情况的比较,并结合此前实证分析的判断,可以推断,企业家个人道德素养同企业家诚信之间未必有直接的联系,其关联性是否产生及其强弱取决于社会对诚信的期望与制度要求的一致性。企业家是一种社会角色,角色本身无所谓诚信与否,关键在于诚信主体的诚信建设。我国目前个人征信系统还主要集中于消费环节,而且在众多节点多有阻滞,难以形成系统化的管理。要提升企业家诚信水平首先需要打通这些阻滞,形成对个人诚信全景式的评价,才不会为特定角色留下依靠违信获取利益的机会。

7.2.4　企业竞争能力强并不一定会对企业家诚信提升产生正向作用

在此前几章的理论分析中,笔者对影响企业家诚信因素的相关理论研究进行了梳理,其中有相当一部分研究认为企业竞争力同企业家诚信有相关性,并推断企业竞争力强则企业家诚信度高。笔者在经过分析以后认为,企业竞争力强仅仅为企业家践行承诺提供了一种条件,但并不意味着企业家诚信度高,对企业竞争力强则企业家诚信度高的判断,笔者认为是研究者混淆了条件与原因的概念。从以上案例分析可以发现,竞争力强弱是一个相对的概念,竞争力强弱不仅体现在企业与企业之间的相对比较,更体现在企业与其发展目标之间的匹配关系。企业发展目标往往是随着竞争能力的提升而向更高的层次递进,所谓水涨船高。许多在业内有绝对竞争力的企业,其发展目标与其自身能力之间的矛盾会很突出,系统持续发展的压力可能比那些看似落后的企业还要大。因此,从企业竞争能力强推断企业家诚信度可能高的逻辑是不通的。理论上认为,企业家诚信是要付出成本的,企业竞争能力强就意味着支付能力强,因此企业家诚信度就可能更高。但还有一个潜在的前提被忽视了,那就是企业家愿不愿意支付的问题,在没有外部压力的情况下,如果不支付这种成本同样可以获取回报,按照理性经济人假设的推断理路,企业家就不会坚持诚信。因此,竞争力与企业家诚信之间的联系需要在外部制度变量的影响下才能产生。

7.2.5　企业权力外部治理对企业家诚信有直接影响

企业权力可以简单定义为企业的影响力,企业因其所拥有的资源及能力而对某些行为产生垄断性,从而对相关各方产生影响。中央电视台大型纪录片《公司的力量》用影视的方式刻画公司发展的历程及其对社会发展的影响:公司带来了人类历史上最快速的经济增长,也将自己发展成一个超越社会控制的权力组织;伴随着工业化和城市化进程,各国都不得不面临一系列社会问题,贫富差距、劳资矛盾、贪欲膨胀、欺诈横行等等,这是农业社会向工业时代转型所必须经历的痛苦,它们并非公司之恶,却因公司而被加剧和放大。企业家诚信的根本问题是利益在不同群体之间划分的规则是否符合公平与公正的社会准则。企业具有凭借其权力订立有利于自己的分配规则的倾向与能力,而且这种过程往往是其他群体难以清楚了解的。在企业内部,董事会虽然是一种权力治理机构,但在目前董事会结构之下,成员之间的利益具有高度的一致性,尤其是在面对外部压力的情况下。因此,董事会权力是否集中同企业家诚信之间没有必然的联系。对企业权力的治理有三种层次。第一种是利益相关者之间的权力互动,这种方式的前提是利益相关者具有干预企业权力的能力,对于特定群体之间是可行的,譬如企业与采购商之间,但对另外一些群体则未必可行,譬如对分散的消费者。第二种是自生自发秩序,就是基于互利互惠的市场规则,事实证明市场这只看不见的手可能是受那些大鳄操纵的。第三种是人造秩序,就是依靠政府主导的命令与制度进行规范。从发达市场经济体的经历看,三种方式如果能形成互补,对企业权力的治理效果更有效。但前提是保证治理的相对独立性,类似案例中体现的,如果企业同政府的利益具有紧密的关联,企业权力不仅得到不有效治理,而且会进一步扰乱诚信体系。

第8章　企业家诚信评价

　　企业家诚信是影响市场机制良性运行的重要因素,是企业诚信的基本构成成分。毋庸置疑,构建测度企业家诚信程度的评价体系对企业诚信甚至是社会诚信的管理具有重要意义。但如何评价企业家诚信的确是个难题,迄今为止该领域的国内外相关研究也缺少系统的成果。对企业家诚信评价之难不在于方法,而在于立场。一种立场是在商业之内,一种立场是在商业之外,究竟选择那一个,就牵扯到诚信的归宿。对于我们这样处于转折时期的社会,归宿终究是一种纠结。故而,企业家诚信评价便会更加艰难。此处将对企业家诚信评价的存在意义、理论基础、评价方法、研究进展等进行总结与梳理,在此基础上,结合前文理论分析与实证研究的情况,对企业家诚信评价提出个人的粗浅之见。

8.1　企业家诚信评价研究的意义

8.1.1　企业家诚信评价是企业信用评价的核心构成部分

　　从企业信用层面判断,信用评价本质上是一种基于未来偿债可能性来辨识不同企业的方法。信用是在社会交往中产生的,利益需求是其产生的基本依据,在商业领域里尤其如此。从企业信用评价的目的和功能——指导人们在未来的社会交往中对象的选择(根据信用好差选择交往对象)来看,预测性的信用评价对指导人们选择未来交往对象更具有参考意义和实际价值。所以,所评的"信用"应该是企业未来在一定的社会交往中信用实现的可能性,即企业未来的某种社会交往之"信用风险"或"可能的信用实现水平"。因而"信用评价"应该是相应预测性评价。对于未来可实现利益的判断是影响信用行为存续的关键参照。因此,就牵扯到一个需要明确的问题:判断的依据从何而来。任何事物都有多方面的规定性,并且由这些规定性共同构成一事物区别于它事物的本质。从道德规范的角度看,企业信用实现的可能性由其现实和未来的品质信用和能力信用共同决定;从社会评价的角度看,企业信用则由其过去品质信用和能力信用共同决定。即企业信用是其品质信用与能力信用的有机统一体。一个反映了企业信用的主观特质,另一个则反映企业信用的客观特质。它们不仅从不同的视觉反映着企业信用实现的可能性,而且同时又从不同的层面反映着企业信用的构成要素。企业家诚信无疑是企业信用主观特质的基本成分。据中国企业家调查系统 2001 年的报告,企业家品格、现行体制环境、法律环境、企业管理制度和传统文化对企业信用有明显而重要影响,认为影响很大和影响较大的占比分别是 96.7%、77.4%、71.9%、40%。在研究层面,20 世纪 90 年代以后,影响企业信用的因素研究开始突破财务因素的范围,如在神经网络模糊系统中引入企业家年龄、学历、经验、企业所在地区、债务合同期限、过去信用表现等企业信用非财务影响因素(Maihotraetal,2002)。李伟(2002),周春喜(2003),范柏乃、朱文斌(2003),张红波(2004),王玉娥、叶莉(2004),戴大双、雷晓敏、朱家顺(2007),雷晓敏(2007),李宁琪、周津(2009)等均视企业家诚信为企业信用评价的首要因素。

8.1.2　企业家诚信评价是沟通商业信用管理宏观与微观层次的基本渠道

在关于诚信与信用两个概念的解释部分,有一点已经被前人廓清,即信用是诚信在行为层面的表现,或者说信用是发生交往的有关各方互相感知的触媒。"所有发生之事从最大的到最小的,都是必然要发生"[①],因果律是这个世界上最基本的自然律,如果在分析与判断不能在一定范围之上去探求该领域为何这样的原因,是难以进行全面而深入的发现的。信用的产生与变化必有其深层次的原因,而诚信则是需要被关注的。当对诚信的关注不再集中于美德,而仅仅是为了功利,在此社会环境中,对信用的判断更多是从事实的层面去寻找依据,对各种

---

① 黄蔓慧,"信号理论研究综述",广东商学院学报,2006 年第 5 期,第 35 页。

事实现象之下的本体是否真正是诚信的,越来越被忽视。而由此导致的结果是事实与本体越发偏离,人们看到的往往并不是真相,今天的表现也许在明天就会面目全非。诚信是商业领域的"帝王条款",随着国家经济发展水平的提升及社会文化的渐趋理性,"帝王条款"应该重新建立其尊严。而这一切依赖于对信用背后的诚信本体理解,依赖信用进入更微观的层面,信用评价需要以诚信评价为根基才能真正保证其有效性与可靠性。

8.1.3 企业家诚信评价是破除企业诚信决策黑箱的可靠工具

企业信用评价赖以建立的基础是企业的行动表现。做个比喻:客人凭借主人设计的饭局来判断主人是否真的是热情好客,但主人究竟是什么态度、饭局究竟是如何设计的、饭局中究竟会隐藏着什么等问题却不关注。这种方式存在的前提是企业所有的表现都是其真实意图的表达。但现实并非如此,次贷危机中国际著名信用评级机构的表现充分证明这种理想化的行为更似掩耳盗铃。信用评价如果不深入企业决策过程,而仅凭企业决策的结果去判断,信用评价难以登堂入室。而要深入企业决策过程,企业家诚信必然是要被给予充分关注的。企业是企业家的企业,至少在当今的世界这种解释是符合实际的。而在关于企业信用评价的诸多研究与商业实践中,企业家诚信评价在整体评价中并未占据重要的地位,更没有成为基本的线索,这恰恰是企业信用评价缺乏信度的重要原因。因此,将企业家诚信作为无形资产计入企业信用评价模型,独立构建企业家信用评价模型,作为对企业信用评价的补充与支撑,对于提升企业信用评价客观性具有重要意义。

8.2　理论基础

8.2.1　委托代理理论

从 20 世纪 60 年代末 70 年代初开始,经济学开始深入研究企业内部信息不对称和激励问题,从而形成了现代企业理论。现代企业理论又称企业契约理论,其核心观点是企业是一系列契约的有机组合,是人们之间交易产权的一种方式,企业行为是所有企业成员及企业与企业之间博弈的结果。现代企业理论的主要逻辑是,企业生产是带有制度结构的生产过程,企业制度不仅是交易的结果,同时还是交易关系的规制结构,由此达到了企业内交易成本最小化和激励兼容的实现,从而提高了企业绩效。

现代企业理论从其运用的方法划分可分为三大理论:一是交易费用理论,二是委托-代理理论,三是产权理论。其中,委托-代理是一种典型的契约理论。在委托-代理理论中,委托人-代理人关系泛指任何一种涉及非对称信息的交易,而在交易中具有信息优势的一方称为代理人,另一方称为委托人。构成委托-代理关系的基本条件是:第一,委托人和代理人都面临市场的不确定性和风险,追求的利益不一致;第二,他们二者之间掌握的信息处于非对称状态。这体现在两个方面,首先是委托人不能直接观察代理人具体的行为过程,其次是代理人不能完全控制选择行动后的最终结果,因为代理人选择行动的最终结果是一种随机变量,委托人不能完全根据对代理人行为的观察结果来判断代理人的成绩。因此,该理论认为委托代理问题产生的原因从一般意义上说就是因为委托人和代理人之间的利益不一致和信息不对称。在现实的企业当中,资本所有者是委托人,企业家是代理人。委托人追求的是资本效益最大化,而代理人追求的是自身利益最大化,两者追求的利益不一致,同时委托人与代理人之间的信息不对称性客观存在,使得在两者之间的委托-代理关系中产生"道德风险"和"逆向选择"。道德风险是指,代理人利用自己的信息优势,通过减少自己的要素投入,或采取机会主义行为来实现自我效用最大满足的行为。逆向选择是指,在委托人无法识别潜在的代理人秉赋时,越是劣质的潜在代理人,越是容易成为现实的代理人,最终导致"劣质品驱逐优质品",并产生"劣质品充斥市场"的现象。

委托-代理理论的目前大量被用来分析现代企业制度下企业中的股东对经理的激励和约束。在企业社会契约理论的框架下,委托关系的范围又进一步扩展到更多的利益相关者群体。在此社会关系下,产生诸多有关企业治理的研究与实践成果,成为企业家信用评价的直接理论基础。

8.2.2　声誉理论

对企业家声誉的研究最早始于经济学,从亚当·斯密起,经济学中一直把声誉机制作为保证契约能被诚实执行的重要机制,特别是 80 年代博弈论的发展,经济学家们得以将声誉引入经济模型中,采用数学语言对声誉机制作用的激励进行研究。进入 20 世纪 90 年代末期,随着信息经济学的兴起和完善,Tadelis(1999,2002)、Mailath & Samuelson (2001)以及 Fang(1998)等人使用信息经济学中的一些方法,尤其是使用逆向选择模型和道德风险模型,对企业声誉问题进行了更加深入地分析;到目前为止,西方声誉理论已发展的较为完善和成熟;直到进入 21 世纪,国内理论界才开始逐渐地认识和接触西方声誉理论,并尝试将它应用于我国市场秩序的治理问题中。

经济学家从追求利益最大化的理性假设出发,认为企业家追求良好的声誉是为了获得长期收益,由于契约是不完善的,不可能穷其所有情况,契约各方履行职责基于相互信任,而相互信任的基础是多次重复交易,长期信任就形成了声誉。对于职业企业家而言,声誉机制的作用机理在于没有一定的职业声誉会导致其职业生涯的结束,而良好的声誉则增加了其在企业家市场上讨价还价的能力,前者起着对企业家机会主义行为的约束作用,后者则对企业家行为具有激励作用。旨在表明上述声誉对人的行为决策的影响以及企业家声誉机制作用机理的正规经济模型是克瑞普斯、威尔森、米尔格罗姆、罗伯茨提出的声誉模型,以及霍姆斯特姆基于法玛思想建立的代理人市场—声誉模型,其中克瑞普斯等人的声誉模型一般性地证明了声誉对人的行为的影响,而霍姆斯特姆的模型则直接用于说明经理市场上声誉可以作为显性激励契约的替代物。

而管理学对企业家声誉的研究多见于激励理论。对企业家的激励形式有很多,如报酬激励,控制权激励,舆论激励,职位激励,名誉激励等,概括起来无非两种物质激励和精神激励。物质激励和精神激励的关键区别在于,精神激励能够从内心深处调动人的积极性,即产生"内激力",而物质激励则是利用外部物质诱饵产生所谓的"外激力"。"外激力"仅仅是为了得到相应的报酬而被动完成指定任务,而"内激力"则是出于内心、积极主动的、创造性的完成工作,最大可能的发挥个人才能,在工作中寻求自我实现和满足。任何激励都需要一定的交易成本,尤其对物质激励而言。一方面,随着企业规模、经营范围的扩大,管理难度增加,物质激励所需要的成本会越来越高,甚至有可能超过激励所带来的绩效的增加另一方面,随着企业家财富的增加,物质利益的激励作用会越来越弱。这就迫使人们逐步重视对物质激励以外的其他激励理论,尤其是声誉理论的研究。在管理学家们看来,追求良好的声誉,是企业家的成就发展的需要,也即马斯洛的尊重和自我实现的需要。现代企业职业经理努力经营,并非仅仅为了得到更多的报酬,还期望得到高度评价和尊重,期望有所作为和成就,并通过企业的发展证实自己的才能和价值,达到自我实现。因此,管理学认为,除了物质激励外,精神激励或荣誉激励是十分必要的。在西方企业中,声誉激励的形式表现为赋予企业家重要的社会地位,以及以企业家形象和价值观为代表的企业精神和文化,同时,声誉对企业家行为的影响尤为重要,它甚至可以替代报酬之类的显性激励因素。

声誉理论建立了企业家个人追求、制度环境、交易属性之间的联系,将声誉纳入企业家激励设计的框架之内,为企业家诚信评价提供了相对完整的思考框架与逻辑体系,因此成为信用研究领域重要的理论基础。

8.2.3　信号理论

为解决信息不对称引发的逆向选择问题,信号理论应运而生。这一理论主要包括信号发送理论和信号甄别理论。纵观现有研究成果,目前信号理论的发展主要体现在:从两种类型的局中人拓展到多种类型的局中人;从静态研究到动态研究;前提假设不断放松;研究越来越接近现实生活的实际情况并在产业组织、金融市场和劳动力市场等领域得到广泛应用。信息经济学是非对称信息博弈论在经济学上的应用。非对称信息导致逆向选择,从而使得帕累托最优的交易不能实现。在极端的情况下,市场交易可能根本不存在,甚至出现逆向选择。因此,期望买卖双方在交易中达到信息对称以消除逆向选择是不现实的,而且买卖双方为改善信息分布结构而传递和搜寻信息的努力均需要支付成本,同时在许多情况支付的成本都非常高。但是,如果拥有私人信息的一方有办法将其私人信号传递给没有信息的一方,或者,后者有办法诱使前者揭示其私人信息,交易的帕累托就可以出现。信号传递模型"自然"选择代理人的类型:代理人知道自己的类型,委托人不知道,因为信息是不完全的,为了显示自己的类型,代理人选择某种信号,委托人在观测到信号之后与代理人签订合同。比如,卖车的人向买车的人提供一定时期的维修保证,请独立的工程师或汽车维修厂对质量进行检查,等等。对卖主来说,车的质量越高,维修保证的预期成本越低,所以高质量的车主提供维修保证的积极性显然大于低质量的车主,买者将维修保证看作高质量的信号,从而愿意支付较高的价格。信息甄别模型"自然"选择代理人的类型:代理人知道自己的类型,委托人不知道,因为信息是不完全的,委托人提供多个合同供代理人选择,代理人根据自己的类型选择一个最适合自己的合同,并根据合同行动。再如,在保险市场上,投保人知道自己的风险而保险公司不知道,保险公司就提供不同的保险合同供投保人选择,投保人根据自己的风险特征选择最优合同。信号传递与信号甄别的差异就在于,在信号传递中,有私人信息的一方先行动,而在信息甄别中,没有私人信息的一方先行动。

信用评价是一个对信息进行获取、鉴别、整理、编辑、报告的过程,在此过程中交易双方就信息的发布与接受进行者心理或行为的互动,信号理论对深入理解该过程的规律及信用规律及信用评价体系设计具有重要作用。

8.2.4 异质型人力资本理论

异质型人力资本,是指在特定历史阶段中具有边际报酬递增生产力形态的人力资本,其天然所有者是企业家。相对地,不具有边际报酬递增性质的人力资本称为同质资本,或同质型人力资本,其所有者为一般职工。异质资本具有边际报酬递增的特性,它的主导地位是通过异质资本所有者——企业家的创新活动即异质资本的使用实现的,因而异质资本是企业财富创造的主要来源。拥有异质资本的企业家和拥有同质资本的职工以及非人力资本所有者通过合约安排的形式,组成了企业,合约的内容就形成了企业的组织结构。合约形成之后,开始了企业家的创新活动,产生企业家创新利润,也就是实现了企业生产的边际报酬递增功能。企业家创新利润是企业家异质资本在一定环境下的体现。如果一个企业家在长期内能不断取得较好的企业家创新利润,就可以将企业家拥有的异质资本称为企业家无形资产。这是近来学界对企业创新活动以及企业利润来源从异质资本角度进行的解释。如前文所述,异质资本是企业家信用的基础,即企业家道德人格、企业家的能力,包括经济创造、增加收益的能力,在一定期限和利率条件下的偿还欠贷能力和承担自然灾害、社会事故等风险的能力以及企业家所有的财产,即以储蓄、财产和资本构成的信用的物质基础。企业家的信用基础正是通过不断积累异质资本、积极使用异质资本而获得和建立的。

8.2.5　信用风险分析理论

信用风险分析研究开始于 20 世纪 30 年代,在 60 年代后成为热点。随着技术的进步,信用风险评价方法越来越体现出从定性到定量、从简单到复杂、从个别资产信用评价到资产组合信用风险评价的趋势。但最为常用的就是古典信用评价方法。所谓古典信用评价方法,主要包括专家方法、评级方法、信用评分法。专家方法一般是指信用判断和决策主要依赖专家,依靠专家的专业技能、主观判断和对某些关键因素的权衡来对信用风险作出评价,或者说主要是一种定性和主观的方法。而信用评分主要是一种定量的方法。古典信用评价方法的分析体系,最为常见的就是 5C:品德(Character)、资本(Capital)、能力(Capability)、抵押(Collateral)、环境(Condition)。20世纪 80 年代以来,现代信用风险分析方法开始大量涌现,其典型特征是运用数量化模型与科学方法进行信用风险分析。但任何工具都是人类智慧的产物,它们试图通过有限的变量来描述真实的世界,一个模型可能会抓住它所描绘的真实世界的大部分特征内容,但不容置疑它肯定会忽略掉另外一些重要的方面。同市场风险的管理有所不同的是,现代信用分析方法的计量模型目前仍然处于发展的早期阶段,分析方法的艺术性大于科学性。现有模型还有许多缺陷,比如相关参数的主观设定可能不尽合适;某些类型的风险可能被忽略;对相关模型的系统和全面的经验验证尚不多见。但是,这些模型正在逐渐地加以改良并得以完善。

8.3　文献述评

　　对企业家诚信评价的研究是随着市场经济的发展而发展的,特别是在市场经济发展逐步走向成熟的阶段,当初期混乱的欺诈行为已经逐步威胁市场经济根本运行机制的时候,对企业家诚信的关注成为焦点。企业家诚信是一种特殊的个人信用。在个人信用研究方面,以美国为代表,无论是理论研究还是实际应用已经相当成熟和完善。在美国,每个人都拥有一个终生的社会安全号码(SSN)。美国人申请工作、支付工资、租房、纳税都要出示和登记社会安全号码。一个人一旦有不良信用记录,不仅会影响他找工作,甚至会影响退休后的社会保障。所以,一般人绝对不敢轻易越轨。英国社会对信用度非常看重,无论企业还是个人,如果信用度差,将寸步难行。例如交电费,供电公司第一次通知用户缴费用的是蓝色通知单,属于正常的收缴电费通知;如未按时限要求交费,第二次的通知单为红色的,已有警告你的意思了,并在缴费通知单上开列电费滞纳金;如还没有及时去缴费,那么,供电公司就开出黑色通知单,同时,将你的姓名及有关情况记录在案,列入该公司的"黑名单"。一般来说,英国的公共服务机构如银行、税务局、供电公司、自来水公司、邮政电信部门等,都有类似的"黑名单"。

　　正是有了健全的个人信用评估体系,才得以降低信用成本及风险。因此,西方发达国家对企业家诚信的研究并没有表现出像国内这样的受关注。国内个人信用研究方面刚刚起步,多集中在个人消费信贷和商业信用的应用方面,而企业信用方面也仅仅是处于起步阶段,在这种近乎真空的状态中,企业家个人的诚信就显得尤为重要。因此国内对企业家诚信的呼声日益高涨,相关研究也逐渐增多。以下列示了国内外关于企业家诚信评价研究的代表性文献,从中可以看出对企业家诚信评价研究的发展脉络。

　　国外学者 Kinney 和 McDaniel 认为,陷入财务困境的公司管理层为了掩饰其可能是暂时性的财务困难更有可能欺诈。Vitell 和 Davis证实了员工的工作满意度和管理者的诚实性之间存在正相关。Beneish 发现,很多有违信行为的公司高级管理人员在盈余被高估的年份更有可能卖出其持有的公司股份,并执行其股票期权。这从侧面说明,高级管理者追求自身利益最大化是影响其诚信的重要因素之一。John、Lynn、Ranjani、Donald 等利用实验的方法,验证了不同的委托代理合同,对企业管理者诚信度的影响,剩余价值索取权越大的企业管理者越可信。Bass 在关于超凡魅力型变革型领导的研究中指出了领导者诚信的重要性。Harvey 等人认为,诚信领导者的一个关键特性是即使面临强大的外部压力或有引发非诚信行为的诱因存在,他们仍能选择诚信行为。Paine 通过企业组织的调查发现,最受员工尊敬的管理者的组织是诚信。同时也指出组织成员在认为管理者是具有诚实性的并且是非常值得信赖的伦理价值观,将会以自己的组织为荣,并把自己看作是这个组织的成员。也就是说,领导讲求诚信,会使员工增强归属感。

从发展的历史维度来看,西方信用评价技术的发展历经了从经验判断到数学模型再到系统综合三个逻辑相衔阶段。Fitzpatrick,Smith 和 Winakor,Merwin,Beaver 研究并提出的企业信用的单变量模型。中期由 Altman 分别于 1968 年和 1977 年提出的线性判别式模型(ZScore 模型)和二次判别式模型(Zeta 模型),由 Pife 提出的线形概率模型,由 Charneseta 开发的数据包模型,由 Hansen 开发的专家系统。由 Guptaeal 提出的数学规划判别模型。这些模型研究的基本方法是:首先选定财务因素(一般是财务比率),然后采集样本进行实证推导。总的来说,国外对中小企业信用的研究基本上集中于财务影响因素的研究,非财务影响因素的研究很少并比较零散和简单。国内对中小企业信用评价的研究多是借鉴国外的模型和方法,也是侧重于企业财务指标,来考察和判断一个企业的信用水平和信用风险。国内外均较少涉及企业家信用信息,有些评价指标里仅涉及较少的企业家的一般信息。

纵观国内外个人信用的研究和实践来看,尽管不同国家的文化背景和社会、经济基础各不相同,信用体系的构建没有一成不变的模式,评价个人信用有很多种方法,但最为成熟和经得起考验和推敲的还是基于百年历史的古典信用评分理论和方法,也就“5C”判断分析法:“5C”是指:(1)品行(Character)(2)能力(Capability)(3)资本(Capital)(4)担保品(Collateral)(5)环境(Condition)。国内很多关于企业家诚信评价评价指标的研究是基于这种逻辑展开的。

国内最具代表性研究企业家信用问题的是丁栋虹教授,他在 1999

年从异质资本的角度诠释了企业家信用的内涵和重要性。他认为,企业家活动作为一种市场经济活动,同其他市场经济活动一样,以信用作为自己的内在依托,即存在企业家信用(Entrepreneur Credit)。企业家信用是企业家异质资本素质的重要体现。他认为企业家信用包括"5C"中品行、能力和资本三方面内容。丁栋虹教授指出企业家征信制度的建立对促进企业家成长,提高企业信用十分重要。但如何建立评价体系没有进一步的研究。刘艺荣,李时华认为,企业家诚信是企业诚信的关键,解决企业融资困境的关键是提高企业家的诚信水平,而企业家的诚信水平主要取决于企业家个人对商业伦理认识的深度及对员工的教育,此外政府的管理也对企业家诚信有直接的影响。张维迎须在法律明确保护私有产权的前提下,首先解决企业的内在治理机制,再从外部强化职业经理人的职业道德,才能聘请经理人。施桂荣等人通过对领导诚实性尺度中文版的讨论和分析,证明了领导的诚实性行为对员工的影响,认为员工若认识到自己的领导是一个诚实而正直的领导,其对组织的归属意识就会增强,工作积极性也会提高。李伟利用心理契约的交互作用理论对企业家诚信的影响机制进行分析,认为企业家与员工之间有着诚信的心理契约,企业家对诚信契约的遵守或违背将影响着员工的诚信行为。企业家不讲诚信,将促使员工重新修改契约,而不再遵守诚信。企业家诚信决定着企业组织整体诚信。戴大双认为企业家信用受多种因素的影响,主要有内在因素和外在因素两大类。内在因素即主观因素,包括企业家的身体因素、情绪因素、个性因素、思想因素等。外在因素就是企业家所处的环境,主要是指社会环境因素。其中,企业家的个性因素、思想因素和社会因素对企业家信用的影响最大。吉云基于经理人的感知角度分析企业家诚信的影响因素,并指出经理人对企业家诚信水平的感知受到企业家和经理人自身个体特征、企业组织特征、企业家社会互动行为、个体行为以及企业组织行为表现的影响。李宁琪和周津基于异质化人力资本理论和古典评分法,从主观和客观两个层面设计了对企业家的评价指标体系。

汪先平在其研究中强调企业家诚信的评价应该主要从企业内部控制、企业治理机制与外部监督体系三个方面进行。

纵观西方信用评价技术研究的发展历史,路径上表现为不断承前创新并与时俱进的逻辑演进,关键环节上表现为借助各种科学方法和实证手段寻求信用风险管理的有效工具。然而,通览近20年我国发表的信用评价技术研究文献,除了引进、介绍西方技术外,更多的是围绕"评价指标体系"的脱离实际、忽视实证、缺少科学依据的思辨式重复"研究"。此外,国外对企业家诚信评价的研究主要是基于对企业偿债能力的考察,所以以财务数据为基础的实证分析是基本的方法。而国内对企业家诚信的评价所涉及的内容就更为系统、复杂,在很大程度上加入更多的对伦理成分的考量。或者说,国外对企业家诚信评价的研究在发达的个人信用管理体系之上,以企业经营结果为导向;国内对企业家诚信评价的研究在欠发达的信用管理环境中,企图深入到企业家个人的内心世界与其生存环境。

8.4 评价方法与指标体系

8.4.1 评价方法

对企业家的诚信评价,传统上的方法以定性分析为主,整体概括与定量评价的能力都存在明显不足。目前被广泛采用的是基于统计判别方法的预测模型。总的来说这些模型都被表述为一类分类系统,它们接受定义在已选变量集合上的一个随机观测值样本,建立判别函数,进行分类。统计方法包括多元判别分析法、Logistic回归、主要成分分析、聚类分析。这些方法的引入对克服传统比例分析综合分析能力差,缺乏整体概括定量评价结果不足等缺点有所帮助。

多元判别分析是除美国外的其他国家使用最多的统计方法。多元线性判别分析法,可以具体分为一般判别分析(不考虑变量筛选)和定量资料的逐步判别分析(考虑变量筛选)。它要求样本服从正态分布,并且各组之间的方差和协方差必须齐次。判别分析选择适当的角度将企业的信用状况投影到同一维度,根据判别准则就信用状况进行排序来判别,但因假设过严,可能失去统计最优性。Logistic回归模型是最流行的分类统计工具之一,它克服了判别分析要求变量服从正态分布的不足。Logistic回归法假设似然比的自然对数是线性,对数据的分布假设较少,稳健性较好,擅长处理纲目数据,可以给出表示违约概率的信用分值,但在建模中需要有专家自始至终参与指导,并且常存在求解无法收敛的问题。虽然 Logistic 回归模型在许多应用上的效果都不错,可是当处理非线性系统时,它的精确性就会下降。聚类分析属于非参数统计方法。信用风险分析中它根据由借款人的指标计算出的在样本空间的距离,将其分类。这种方法一个主要优点是不要求知道总体的具体分布;可对变量采用名义尺度分析与次序尺度分析,因此该方法可用于定性研究,也可对现实中的无法用数值精确表述的属性进行分析。这很适用于信用风险分析中按照定量指标(盈利比、速动比等)和定性指标(管理水平、信用等级等),对并不服从一定分布特性的数据信息进行分类。

80 年代后期到 90 年代初,人工智能技术应用到这一领域中来,人工智能技术包括神经网络技术,专家系统、遗传规划、分类树以及各个方法相互结合的组合方法。代表性成果有 Odom(1990),Coats 和 Pant(1993)采用神经网络分析法对美国公司和银行的财务危机分别进行了预测,Tam 等(1992)研究银行信用,比较了判别分析、Logistic、K 近邻、分类树、神经网络等方法的优,王春峰(1998)等用 BP 神经网络对中国商业银行的贷款客户企业的信用进行了评估,吴德胜(2004)等采用 Elman 回归神经网络和 BP 网络建模,比较两种网络的诊断能力,并为克服小样本的建模的缺点,引进 V-fold Cross-validation 算法,金惠红(2010)基于 BP 神经网络建模对旅游服务诚信进行了分析。80 年代末期,有学者提出一种利用机器学习技术发展起来的符号方法——分类树。该方法不像传统方法那样通过判别函数形成决策规则来判别样本所属的类型,而是创立了一个对原始样本进行最佳分类判别的分类树,旨在极大化分割子集的熵。有人将分类树算法用于解决上市公司评级时的具体问题。通过实验准确率选择适用于上市公司财务指标的离散化算法、特征选择算法。选择一个合适的组合增进算法,提高分类树在本问题上的准确性。对比不同评级方法的实验结果,验证分类树在本问题中具有更好的适用性。

8.4.2　评价指标

管晓永(2004)在其研究中从社会交往关系、信用实现机制和价值观念导向三个方面设计了对企业信用的评价指标,如表 8-1 所示。

表 8-1 企业信用评价指标

一级指标	二级指标
遵纪守法品质	企业家法律观念 企业家守法信誉 企业家守法表现
个人背景特征	企业家成长背景 企业家年龄 企业家学历
团队有机结构	团队年龄结构 团队学历结构 团队工龄结构
经济交易品质	企业家诚信观念 企业家债务信誉
社会声誉品质	企业家公益声誉

古家军(2004)提出的评价指标体系共包括 4 个模块,10 个二级指标,23 个三级指标,如表 8-2 所示。

表 8-2 企业诚信评价指标

一级指标	二级指标	三级指标
企业契约组合	经济契约	契约的完备性 契约履行障碍
	社会契约	企业社会契约分析
企业诚信意愿	企业诚信意愿	企业目标及类型 履行经济损益
	企业诚信意愿伦理	组织文化 员工伦理 组织规则 外部利益集团伦理
	经营者诚信意愿	经营者声誉 品格 激励机制 制约机制 关系

续表

一级指标	二级指标	三级指标
企业诚信意愿	利益相关者意愿	利益相关者类型 利益相关者影响力
企业诚信能力	企业财务诚信能力	财务表现
	企业产业诚信能力	产业中竞争力
	企业社会诚信能力	社会诚信理念 管理层态度 管理制度
企业诚信表现	企业声誉评价	内部声誉 外部声誉

戴大双(2007)等基于古典信用评价方法,结合丁栋虹(1999)提出的异质资本与企业家信用的关系,对中小企业家信用评价指标体系设计了五个模块,如表 8-3 所示。

表 8-3　企业家信用评价指标

一级指标	二级指标
企业家品质	信用记录
	诚实度
企业家能力	盈利能力
	偿债能力
	履约能力
	承受风险事故能力
企业家财产	动产
	不动产
抵押担保	抵押担保品
企业家所处环境条件	外部环境
	内部条件

　　李宁琪和周津（2009）从个人层面与环境层面两个维度对评价指标进行设计，如表 8-4 所示。

表 8-4　企业家诚信评价指标

一级指标	二级指标	三级指标
个人层面	个人品质	责任意识
		正直
		理智
		坚韧
	个人道德	使命感
		敬业精神
		经营理念
	商业伦理	关心顾客
		关心员工
		关心环境
	个人经历	任期长短
		不良记录
	个人特征	家庭背景
		履约情况
	个人能力	盈利能力
		偿债能力

续表

一级指标	二级指标	三级指标
环境层面	激励保健	报酬水平
		管理者持股
		股票期权
		产权制度
	企业外部约束	政府监管
		新闻监督
		声誉机制
	公司治理	组织结构
		股本结构
	企业内部影响	企业文化
		企业财务状况

为了能更明确地对上述评价指标体系进行评价,首先需要明确信用风险与信用评价两个概念。风险源于事物的不确定性,是一种损失或获益的机会。信用风险有多种定义,按照不同的定义对风险有着不同的理解,主要可归结为以下两种:传统的观点认为信用风险是交易对象无力履约的风险,即由于债务人不能按期偿还债务给贷款人造成损失的风险。损失被理解为在违约实际发生时才会产生。现代的观点认为,信用风险是由于借款人或交易对手违约导致的损失的可能性,以及由于借款人的信用评级的变动和履约能力的变化导致其债务的市场价值变动而引起的损失的可能性。国际上对上述两种不同的信用风险模式分别定义为:信用违约风险和信用级差风险。对于前者,作为定义信用风险的原因已经被普遍接受,国际证监会组织和巴塞尔委员会都使用这一概念。而对于后者,在大规模的投资组合中,因为各发行主体的信用等级不同,即使是同一发行主体所发行的不同债券信用等级也不同。在进行资产定价时,由于信用等级是定价的一个重要因素,不同信用质量的资产价格必然存在差异,这种信用质量带给资产定价的不利影响被称为信用级差风险。信用级差风险一般存在于采取盯住市场计价的金融产品中。

　　信用评价是指对可能引起信用风险的因素进行定性分析、定量计算,以测量借款人的违约概率,为银行贷款决策和担保机构是否承保提供依据。目前信用评价最常用方法是"分类"方法,即根据借款人的财务、非财务状况,将其分为正常类(按期还本付息)和违约类,或给出一个违约概率或信用等级,这样信用评价就可转化为统计学上的某种分类问题。将信用评价结果进行划分,与一定的信用等级相结合,就是金融市场中常提到的信用评级。信用评级主要是通过独立、客观、公正的信用分析,依据科学的信用衡量标准,对评级对象的信用状况做出恰当的评价,其实质是对其借款者对所借债务能否如约还本付息的能力与可信度的评估,是对债务偿还风险的评价。

　　此外还要在这里进一步明确企业家诚信的涵义,特别是对信用与诚信关系要进一步明确。"诚信"是比"信用"含义更为宽泛的词汇,它同时含有社会交往的道德伦理和契约经济两方面的意义,关于诚信的关系可以用图 8-1 示意。

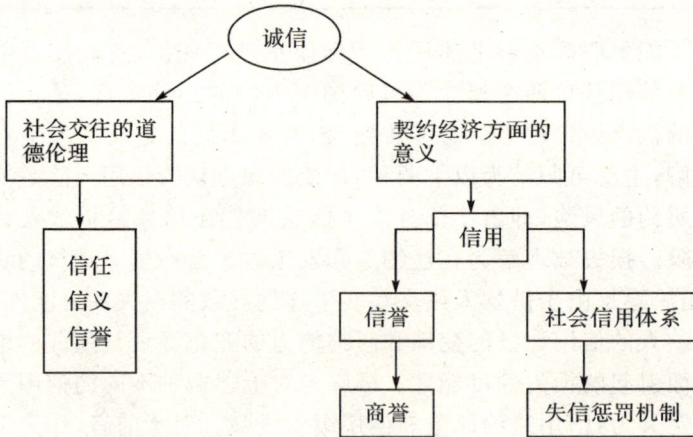

图 8-1　诚信概念图

　　传统上是将诚信划分为社会诚信、组织诚信与个人诚信三类,按照这种归类方法,企业家诚信无论是归于组织诚信还是个人诚信都不妥当,因为企业家诚信虽然同企业家个人关系紧密,但却是因为企业的存在而存在,否则就不能称其为企业家诚信。但综合观察上述对企业家诚信评价指标的设计可以发现,现有的评价指标体系要么是以个人诚信为基点,要么是立足于企业诚信,或者将将企业家个人诚信与企业诚信来一个综合,这种操作无疑是否定了企业家诚信本身存在的意义。笔者从本研究一开始就强调应该将企业家诚信置于企业决策框架内进行考察,沿袭这一思路,企业家诚信评价以企业诚信决策的过程为对象,虽然涉及企业家个人行为但却是基于组织活动的考量。信用是诚信的外在表现,企业家诚信是企业信用风险的重要影响因素,但不是全部,用企业信用评价指标去评价企业家诚信,其结论或许可以反映企业诚信水平,但却不能反映企业家诚信水平。现有的评价指标体系设计对信用与诚信的概念没有进行明确区分,更多是偏重于守信,而对于诚信概念更本体意义的评价没有涉及。之所以要研究企业家诚信,重要目标之一就是要将原本模糊的企业信用责任明确到具体的决策环节与决策人,而这就需要建立相对独立的企业家诚信评价模型。

8.5　企业家诚信评价框架

8.5.1　"企业家诚信"定位

从企业信用评价的目的和功能——指导人们在未来的社会交往中根据信用好坏选择交往对象来看,预测性的信用评价对指导人们选择未来交往对象更具有参考意义和实际价值。所以,所评的"信用"应该是企业未来在一定的社会交往中信用实现的可能性,即企业未来的某种社会交往之"信用风险"或"可能的信用实现水平"。企业家诚信是企业信用的重要影响因素,是企业信用评价的基本内容。企业家诚信与企业信用的联系在于企业家对企业信用决策有直接的影响,对企业信用表现负有直接责任,但不是全部责任。因此,企业家诚信评价的意义在于对企业家对企业决策信用程度影响程度及可能的行为选择的判断。

8.5.2　分析框架

为了建立企业家诚信评价分析框架,在前文对以往研究总结的基础上,此处对企业伦理决策的代表性研究进行回顾。李晓明(2007)、梅胜军(2009)对企业伦理决策的相关研究进行了系统的梳理与介绍,企业家在面临伦理困境时是如何进行决策并选择行为以及对这种选择的影响因素分析是企业伦理决策研究的两个基本问题。根据他们的归纳,关于企业伦理决策有如下代表性的成果。

Ferrell 和 Gresham 于 1985 年提出了针对营销组织的道德决策权变模型,该模型认为,道德决策过程始于产生道德问题的社会或文化环境;当面对道德问题时,个体的决策受个体因素(知识、价值、态度和意图)、重要关系人(差别化联系和角色定位结构)和机会(专业标准、组织政策和奖惩措施)三方面的影响;个体的道德决策将直接影响真实的道德行为;在实施真实行为之后,个体会对该行为做出评价,而这种评价又将对未来的道德决策产生影响,并且这种影响作用还会受到个体因素、重要关系人及机会的影响。

Hunt 和 Vitell 于 1986 年提出了市场营销领域的道德通用理论模型,该模型最重要的特点在于,把个体的道德哲学评价纳入到了企业道德决策模型中,认为个体主要依据手段论和目的论两种哲学标准来指导道德判断。

Trevino 于 1986 年提出了人—境交互模型,该模型认为以往研究往往单独强调个体因素和组织情景因素对道德行为的作用,而忽视了二者的交互作用。Trevino 认为道德决策过程起始于决策两难问题;并明确提出个体的道德认知发展水平直接影响着个体对道德两难情景的认知评价;个体因素(如自我强度、场依存性和心理控制源)和情景因素(如即刻的工作背景、组织文化和工作性质)都会对认知评价和行为间的关系起调节作用,而且情景因素还会对认知评价产生直接影响。

Rest(1986)等提出了伦理决策的四阶段模型:伦理两难困境的认知;进行伦理判断;形成伦理行为倾向,即决定以伦理还是非伦理行为做出反应;最后才表现出具体的伦理行为。

Ajzen 于 1991 提出了计划行为理论。与合理行为理论相同,计划行为理论也认为行为意图是影响行为的最直接因素,但却明确提出行为意图只有处于意志控制之下才会在行为中表现出来。

Jones(1991)以 Rest 的四阶段模型为基础,提出了伦理决策权变模型,认为以往研究忽略了伦理问题本身也是影响伦理决策的重要因素,因此引入"道德强度"概念,道德强度为"一种情景中所包含的道德问题的紧迫程度",反映了决策任务的特征。具有较高道德强度的决策任务本身会影响伦理决策过程的各个阶段,增加伦理行为的实施概率。

Street 等(2001)认为,决策者付出的认知努力水平会影响其对伦理问题认识的可能性,理解认知努力水平的影响因素对揭示伦理决策过程有重要意义,因此将决策者对伦理问题的认识看作态度改变的过程,并整合问题权变模型和精加工—可能性模型,构建了伦理决策的认知精加工模型。

Reynolds(2006)在脑神经认知科学新进展基础上,提出了神经认知模型。根据神经认知科学,可将脑功能区分为 X 和 C 两个系统。X系统是大脑中与无意识环境分析相关的部分,主要进行无意识加工、暗示性学习和直觉功能。X 系统过程是一个信息搜寻和信息结构化的循环过程,搜寻是搜集决策相关信息的过程,结构化是以特定输出单元模型与原型对比评估的组织或表现过程,因此 X 系统又被称之为自动匹配模式系统;C 系统则是一个完成复杂归因的机制,具有基于规则分析的能力,即运用规则决定行为过程的能力,以及对 X 系统进行调整控制的能力。C 系统依赖于 X 系统,X 系统为 C 系统提供原型,C 系统则能修正该原型;C 系统设定输出模式必须在多大程度上与原型匹配以进行归类。因此 C 系统又称之为高阶知觉归因系统。在伦理决策中,C 系统可以是一个合理化过程或主动判断过程,取决于自动匹配模式循环(X 系统)是否能匹配原型并达成决策和重构原型。当 X 系统自动匹配时,C 系统是一个合理化过程,主要是 C 系统试图证明 X 系统产生的判断;当 X 系统不能自动匹配时,C 系统是一个主观判断过程,主要是分析具体情景、运用道德规范进行判断。原型的正确程度、信息搜寻、将信息结构化与多重原型匹配的能力与伦理行为正相关,而主动判断比自动判断与伦理行为的正相关更强。

综合以上理论分析,企业家诚信决策大致包括企业家对诚信问题的认知、判断、策略倾向与行动四个过程,企业家本人的道德素养是一个方面,而决策问题本身所处的情景同样对最后决策的选择有重要影响,这应该是企业伦理决策研究中所谓的"两难",即在个人道德标准与情景压力之间需要做出抉择。最终决策往往代表一个集体的共同利益,而这种共同的选择可能意味着同社会共同承认的诚信准则是相悖的,也许企业家本人内心的坚持同外界要求一致,而集体最后的选择缺失与之相悖。企业家诚信的意义恰恰在于能在多大程度上维持企业决策同社会诚信标准的一致性。结合前文的实证研究结果,提出如图 8-2 企业家诚信评价概念模型。

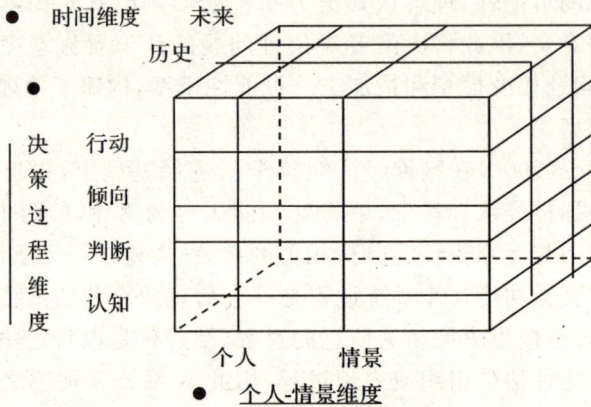

图 8-2   企业家诚信决策过程

在此分析框架下,对企业家诚信的评价将从个人与情景两个方面进行,按照企业伦理决策过程,从认知、判断、倾向与行动四个阶段进行考察。因为同样的伦理问题,在不同时间,其决策情景会有所差异,在企业家诚信历史记录的基础上,还需要对未来可能情景下企业家诚信决策做出预测。

8.5.3   指导原则

静态与动态相结合的原则。企业家诚信评价必须基于过去的品质诚信和当前的诚信水平,着力于企业家未来实现水平的预测。过去和当前的诚信状况是未来诚信实现的起点和基础,未来诚信实现水平是过去和当前诚信状况顺应内外条件变化趋势的合理延伸。

整体与局部相结合的原则。企业家诚信评价必须是在设定目标下对企业家诚信决策的整体评价,并且该整体评价是基于对决策情景相关各方面做出科学、合理评价的综合结果。因此,在具体的评价中不可以偏概全、一叶障目地只见树木不见森林。

共性与个性相结合的原则。决定企业家未来诚信决策实现水平的各因素具有共性。但不同区域、不同行业和不同企业又具有个性特征。所以,企业家诚信评价既要考虑共性又要考虑个性,而非一刀切地只考虑共性而不考虑个性,也不是无原则地只考虑个性而不考虑共性。

定性与定量相结合的原则。企业家诚信决策各影响因素的内涵决定了对它们的测度必须既有定性评价诚信品质、社会环境和决策情景,又有定量评价诚信决策能力。所以任何只有定性或只有定量的企业家诚信评价都将有失偏颇和客观。

8.5.4　模型构建

企业家诚信评价模型共分为三个层次:目标层、模块层、指标层。

第一个层次为目标层。企业家诚信评价的目标是对企业家影响企业诚信决策的程度与行为选择进行判断。

第二个层次为模块层。根据前面对企业家诚信决策的理论与实证分析,确定从个人模块与情景模块进行分析。

第三个层次为指标层。

采用多级指标进行评价,可以根据情况对不同模块设定一级指标、二级指标与三级指标。

模型构建过程大致如下:

第一步:对每个底层指标进行赋值。指标赋值采用定性与定量相结合的方式,赋值以后得到每个指标的静态值。

第二步:对每个指标的权重进行赋值。唯物辩证法中事物之间普遍联系的原理指出,评价指标体系中的各评价指标之间总是或多或少的有信息重复。一般说来,某评价指标与指标体系中的其他评级指标信息重复越多,说明该指标的变动越能被其他指标的变动所决定,因而该指标在评价中所起的作用就应越小,即应赋予较小的权数,反之,应赋予较大的权数。基于这种思想,就可以根据评级指标间的信息重复程度来确定权数。

第三步:计算上一层次指标的值。在底层指标赋值与权重赋值完成以后,就可以得到上一层次指标的赋值。在通过对本曾指标值进行权重赋值,进而可以计算出每个模块的值。

第四步:计算出整个模型的结果。

8.6　对完善企业家诚信评价制度的建议

8.6.1　贯通企业家诚信与个人征信体系的联系通道

企业家诚信处于企业诚信与个人诚信交叉的领域,我国个人征信体系建设还处于探索阶段,商业诚信体系建设更是如此,这种局面造成了企业家诚信评价的空白。商业诚信必须与个人诚信相联系,才能使得社会信用体系贯通成为一体。个人信用是整个社会信用的基础。市场主体是由个体组成的,市场交易中所有的经济活动,与个人信用息息相关。一旦个人行为失之约束,就会发生个人失信行为,进而出现集体失信。因此,个人信用体系建设具有极其重要的意义。个人信用不仅是一个国家市场伦理和道德文化建设的基础,更是一个国家经济发展的巨大资源。开拓并利用这种资源,能有效推动消费,优化资源配置,促进经济发展。市场经济越发展,个人信用所发挥的功能越重要,个人信用体系的完善与否已成为市场经济是否成熟的显著标志之一。个人信用表现为个人消费信用与个人经营信用。个人消费信用是指个人以赊账方式向商业企业购买商品,包括金融机构向个人提供的消费信贷。个人消费信用的对象主要是耐用消费品,如房屋、汽车、家具、电器等,甚至包括教育、医疗及各种劳务。个人经营信用是企业信用的人格化和具体化,是企业信用关系在经营者个人身上的集中反映。企业家诚信是个人经营信用的基础。企业家诚信体现在企业家处理诚信困境的表现,但是对企业家这类特殊群体,对其事关诚信问题的表现,究竟如何同个人征信相联系,目前在法律与制度上还没有明确的界定,从而给个人征信管理深入到企业诚信决策造成了困难。现代决策的发展趋势之一,就是单纯采用权力性决策如首长负责制的越来越少,更为普遍的是参与式决策如委员会负责制等,主要表现为由群体(包括智囊团)参与的决策。个人征信需要建立识别个人在群体决策中对决策诚信度影响的方法,并将其作为个人征信数据库的基本信息,这样就能实现商业诚信真正深入到微观的决策者。

8.6.2　完善企业家征信与信用评级制度

西方信用发展历史已经证明,征信与信用评级制度是提高征信与评级对象信用水平的有效制度安排。国家推动对评级结果的使用,使投资者、金融机构、信用担保机构越来越依赖评级结果制定贷款和担保决策,被评估者越来越重视自己的信用积累和信用评分。因此,政府应该建立和推动企业家特别是中小企业家征信与评级制度,以此来增强中小企业家的信用意识和自身行为约束,改善和提高中小企业家信用水平。征信是指特定的一个或多个征信产品需求者要求征信机构提供被征信企业或个人信用状况的活动,基本是一对一的,由征信产品需求者付费。信用评级一般是指信用评级机构对特定评级对象信用能力状况的评价,服务对象是公众投资者、机构投资者如银行、担保机构、监管部门等,主要目的是取得投资者的信任,需要被评对象付费。无论是评级还是征信的基础都要有一套科学、完善、令人信服的评级办法。企业家征信与评级制度,有以下几方面工作需要进行。

第一,建立企业家档案信息库。在一个健全的法制社会及规范的市场秩序条件下,企业家信用构成中的企业家品质的信用记录和企业家财产可以通过法律措施和公开、科学的市场制度获得,企业家信用评价中的抵押担保、环境条件都比较容易获得数据,而对于企业家来说,企业家能力在一定程度上很难预见和获得。所以,应该尽快建立企业家档案信息库,掌握企业家们的背景材料,对他们以往的表现进行评估。企业家信息素材的丰富与真实,是开展中小企业家信用评价的前提和基础。

第二,开发和使用中小企业家信用评级方法和工具

目前国内仅有的新华信等几家评级机构仅开发了企业信用、个人信用的评级方法、评价模型和信用产品。开发更加科学、有效的中小企业家信用评级方法和工具势在必行。本研究只是提供了企业家信用评价的一种思路、一种方法和尝试。企业行业分布复杂、形态多样,专业评级机构应该着手开发针对不同行业、不同地区、不同形态的中小企业家信用评价方法和工具。

第三,政府推动企业家诚信评价工作

企业家诚信评价需要透视企业决策过程,这对于一般的征信机构

来说是一道难以逾越的障碍。破除这道围栏不能寄希望于企业家个人道德的觉醒，只能通过公共立法与政府主导来实现。目前，我国对企业家诚信评价更多是社会团体在开展，主要依赖企业与企业家的自主参与，很难形成规范、系统、客观的评价体系。企业家行为关乎商业文化，关乎社会文化，在当代社会具有引导社会文化发展的重要作用。但法人毕竟不是人，在法人的"黑箱"究竟从事的交易对法人本身的行为有直接影响，政府有责任通过适当方式为"黑箱"立法，让企业家决策接受诚信阳光的照耀。

第 9 章　企业家诚信建设路径

在敦煌莫高窟有一幅"鹿王本生故事"壁画,就是被人熟知的九色鹿的故事。

古时候,在一座景色秀丽的山中,有一只鹿,双角洁白如雪,浑身是五种鲜艳的毛色,漂亮极了! 人称五色鹿。这天,五色鹿在河边散步。突然,一个人抱着根木头顺流而下,在汹涌的波浪中奋力挣扎,高呼救命! 美丽善良的五色鹿不顾自己安危,跳进河中,费尽力气,终于将落水人救上岸来。惊魂未定的落水人得救后频频向五色鹿叩头,感激他说:"谢谢你的救命之恩。"

五色鹿说:"你只要不向任何人泄露我的住处,就算是知恩图报了。"那个人说:"恩人请放心,如果背信弃义,就让我浑身长疮,嘴里流脓!"

这个国家的王妃,妩媚动人。有一天梦到了毛色五种、头角银白的五色鹿。心发奇想:如果用此鹿的皮毛做件衣服穿上,我定会显得更加漂亮! 于是,她娇嗔地对国王诉说了美梦,要国王立即捕捉五色鹿。不然,就死在他面前。

国王无奈,只好张贴皇榜,悬重赏捕鹿,有知五色鹿行踪或捕获着,赠国土一半,还有赏赐大量的金银。被五色鹿救起的那个人看了皇榜,心中暗喜:我当国王、发大财的机会到了。虽然我对鹿立下誓言,但它毕竟是个畜生,怕什么? 于是揭了榜文,进宫告密,说自己知道五色鹿居住的地方。国王闻言大喜,调集了军队,浩浩荡荡地前来捕捉九色鹿。

山林之中,春光明媚。五色鹿在开满红花的草地上睡得正香。突然,好友乌鸦高声叫喊道:"五色鹿,快醒一醒吧,国王的军队捉你来了!"五色鹿从梦中惊醒,起身一看,已处在刀枪箭矛的包围之中,无法脱身。仔细一看,被自己救起的那个人站在国王旁边,便明白了。于是,毫无惧色地走到国王面前,问:"大王,你是怎么知道我的住处的?"

"是他告诉我的",国王指着那个人说。

"你知道吗?"五色鹿说,"正是这个人在河中快要淹死时,是我救了他,并发誓不暴露我的住地。谁知道他见利忘义,反复无常,圣明的陛下,你竟然同一个灵魂肮脏的小人来滥杀无辜,岂不辱没了你的英名?"

此时,出卖五色鹿的人无地自容,身上长满了烂疮,嘴里流出了脓血,臭不可闻,遭到了报应。明白了事实真相,国王非常惭愧,责斥那个人背信弃义,恩将仇报。传令收兵回宫。并下令全国臣民不许伤害九色鹿。

王后没有得到五色鹿的皮毛,又羞又恨,最后活活气死了。

五色鹿没有被剥去毛皮应该说是信义战胜了贪婪,在这里,代表正义的国王是最后的裁定者,发挥了决定性的作用。如果那里的人们不能欣赏五色鹿真正的美,而能看到的仅仅是漂亮的毛皮,很难保证五色鹿不会再遇到杀戮的威胁,譬如说制造个什么灾害事故陷其于死地,然后再剥掉它的皮。法令法规好比渔网,再严密的网总是有孔的。更何况平衡正义与罪恶的国王并非都是明君善主,万一碰到哪一位国王是个惧怕河东狮吼的人,估计这头鹿就实难活命了。佛教视欲望为罪过之源,我虽不赞同,但却同意以欲望作为思考人类社会行为的一个起点。

9.1 企业家诚信建设逻辑框架

9.1.1 企业家诚信建设的基本思路

托马斯·阿奎那认为,人的欲望是为了维持生命而被上帝有规律地存放于人的身体机能之中的。但"上帝死了",于是欲望之水汪洋恣肆。当人的欲望膨胀超越界限的时候,理智就成了罪恶的帮凶,即使是再强的堤坝也难以控制这洪流的肆虐。这是社会转型初期典型的特征,诚信是社会联系的基本道德规范,而道德是直接与欲望相关的,探讨企业家诚信建设自然要从这里开始,否则一切的建议都是隔靴搔痒。目前的研究普遍认为,当诚信成为一个普遍的社会问题,其原因主要不在于社会成员的素质,而在于制度失衡,即社会利益分配向违信的一方倾斜,因此所谓诚信建设,其重点是诚信的社会保障体系的建设,而制度建设的基本思路则是:让守信的人受益,让违信的人受损。其实,古今中外任何一个时期,任何一个地区,都是倡导守信者受益,而违信者受损的,上述诚信建设的路数虽然具有一定的意义,但却不能从根本上促进诚信的形成与发展。

诚信的内涵在不同的时空环境下有很大的差异,国外视为不诚信的行为可能在国内就是可以接受的,过去被认为是背信弃义的事情,当今就能大行其道。杨白劳欠债不还,在当时就是不诚信的,可如今看来杨白劳就应该不还,而且要斗争。这里牵扯到诚信的根本问题,就是何为诚信,以及诚信的标准。进一步涉及的问题是,谁有资格来界定诚信的内涵与设计诚信的评价标准,其次才是与信守约定相关的利益分割问题。因此,促进诚信建设的关键不在于利益划分的比例,而在于利益划分的主体或力量。

《荀子·王制》中有如下这样一段话。

(人)力不若牛,走不若马,而牛马为用,何也?曰:人能群,彼不能群也。人何以能群?曰:分。分何以能行?曰:义。故义分则和,和则一,一则多力,多力则强,强则胜物,故宫室可得而居也。故序四时,裁万物,兼利天下,无它故焉,得之分义也。故人生不能无群,群而无分则争,争则乱,乱则离,离则弱,弱则不能胜物,故室不可得而居也。不可少顷舍礼之谓也。

欲望源于自然,是人类社会所以能发展的基本动力,但是欲望也会导致对秩序的破坏,将人类社会引向灾难。社会发展的公共政策就是要在欲望的鼓励与约束间建立平衡。正如荀子所言:使欲必不穷乎物,物必不屈于欲,两者相持而长,是礼之所起也。对于个人来讲,这种平衡是靠修养去实现的,这也是中国古代文化所倡导的方式。而对于社会来讲,则需要在代表不同利益的群体之间形成力量的均衡,这是实现由分向能群的基本路径。

对企业家诚信的理解在不同的利益相关群体哪里有不同的答案,因而形成了企业家诚信领域的冲突。企业家诚信建设,最重要的事情就是确定谁对诚信内涵的界定有决定权,并进而确定应该依据什么标准去衡量企业家诚信。因此,培育企业家诚信的策略设计的起点是该领域的群体结构状态,而不是什么惩罚或激励。只有当与企业家诚信决策相关的群体发展到充分成熟的时候,企业家诚信才能达到社会共同期望的水平,对于破坏企业家诚信的原始欲望的规制才能得以建立。

9.1.2 企业家诚信建设的基本原则

企业家诚信建设需要适应国家与民族发展的要求,借鉴朱金瑞在其"当代中国企业伦理演进模式研究"中的思维框架,企业家诚信建设需要坚持如下原则。

(1)以社会主义道德为指导

党的十四届六中全会通过的《关于社会主义精神文明建设若干重要问题的决议》规定:社会主义道德建设"要以为人民服务为核心,以集体主义为原则"。为人民服务是社会主义时期道德建设的核心。集体主义为公民道德建设的原则,是社会主义经济、政治和文化建设的必然要求。2001年中共中央颁布的《公民道德实施纲要》在公民道德建设的指导思想中,将我国公民应遵守、需要在全社会大力倡导的基本道德规范概括为20个字,即:爱国守法、明理诚信、团结友善、勤俭自强、敬业奉献。"明礼"主要是规范公共场合的公共道德行为,文明礼貌是公民在公共场合应当遵守的最基础的道德准则;"诚信"主要也是规范公共关系中的道德行为,是对"明礼"规范的进一步深化和升华,即古人所说的"礼于外,诚于内"。

(2)与中华民族传统美德相承接

中华民族传统美德,是指中国五千年历史流传下来,具有影响,可以继承,并得到不断创新发展,有益于下一代的优秀道德风尚。中华民族传统美德,强调建立一种和谐协调的人伦关系。主张"以义为上","以义统利","先义后利",要求"见利思义","见得思义"。"义"是指民族利益和国家利益,"利"是指个人利益。强调社会利益高于个人利益,强调个体对整体的道德义务。这是一种植根于社会文化的群体精神,进而扩展到整个民族和国家的集体主义精神。信"是人们交往和处事的道德准则。对"信"的认识、对"信"的提倡、对"信"的崇拜,从古至今像一棵常青树一样存活于中华民族生生不息、世代繁衍的思想文化沃土中,说明"信"作为中华民族传统美德的重要内容,历来被人们所肯定、所推广。

（3）与社会主义市场经济相适应

市场经济，说到底是一种公平竞争经济，是一种法治经济，更是一种诚信经济，诚信是市场经济的根本原则。诚信就是生产力，就是竞争力，是生命力。良好的诚信制度是市场经济平稳运行的根本保障，是市场经济的黄金法则。诚实信用是经济法律关系得以维持和发展的基本要求，是现代文明的基础与标志。当前我国经济建设正处在一个快速发展的关键时期，而目前在国内，各方面的信用状况堪忧，这不仅对市场经济，而且对社会的转型与发展造成阻碍。市场经济不是不讲规则、不讲道德、不讲信用的经济，而恰恰相反。所以，要在全社会进行信用教育，树立起全民信用意识，通过宣传及法制手段，普及诚信道德观念，重建社会信用体系。企业家诚信建设适应社会主义市场经济最主要的就是适应这种经济所具有的社会主义商业文化。

（4）与国际企业伦理规则相协调

中国社科院研究员何光沪说，《走向全球伦理宣言》是由基督教界发起而得到世界各宗教响应的全球伦理运动的一个里程碑。它既是1993 年以前长时间努力的结果，又是以后漫漫长途的起点。这项运动的宗旨，就是要在这个道德滑坡的世界上，在宗教的差异会被用来为冲突和对抗辩护的情况下，强调基本道德生死攸关的重要性，展示基本道德在不同宗教中的基础以及各种宗教平等对话、和平共处的可能性。"全球伦理有两大特点，一是具有基本性，即只提出人类应有的最低限度道德；二是具有普遍性，即指明这种道德在各种不同的宗教和文化传统中都有其根据。没有一种全球伦理，便没有更好的全球秩序。在经济全球化的时代，商业伦理首先需要全球化，首当其冲的是企业家伦理的全球化，而诚信则是企业家伦理全球化的通行证。

对企业家诚信培育的具体途径，国内的研究基本形成一致的观点：用教育涵养、用规制约束、用服务保障、用政策引导。在这一章，笔者沿用上述的思路，结合社会实践，对罗会德与王滨（2008）、张小路（2005）、刘晓光（2008）、颜小冬与杜菊辉（2008）、赵雪霞（2008）、冯建军（2005）、鲁洁（2003）、戚万学与杜时忠（1997）等在这四方面的相关研究情况进行总结评述，在此基础上，联系实证研究的发现，提出对企业家诚信建设的建议。

9.2　教育以涵养企业家诚信基因

9.2.1　对企业家诚信建设教育的观点与评价

关于企业家诚信建设的诸多研究中,无不将教育视为最根本的路径。其基本考虑是,诚信是内化于人内心的道德,单纯的制度约束不能触及企业家诚信危机的根本,最重要的就是通过教育培育企业家的诚信意识与诚信素养。教育之所以成为必要,主要原因是社会结构与社会价值观念的变化,从而引致对传统诚信观的重塑。从传统农业社会进入现代工业社会,从计划经济转向市场经济。在现代社会,人们的流动性空前增大,交换关系无所不在,社会结构庞大复杂,与传统社会主要是熟人社会、身份社会不同,现代社会可以说是陌生人的社会,是具有平等权利的个体靠契约关系维系的社会。因此,它所需要的诚信观念和文化应该不仅局限于熟人之间、私人领域,而更多的是应普遍适用于公共生活领域。现代诚信文化包含的基本精神或基本价值有平等、公正、理性、秩序、责任等。其核心观念是实现自身的权利,不损害他人的权利。现代社会诚信是指与现代社会生活相适应的,社会主体之间建立在自由平等基础上的,以信任和承诺、践约为主要内容的社会关系现象,其目的是实现有关主体平等的社会权利。现代诚信意识或伦理不仅是一种美德或个人修养,也是一种规则伦理或公共道德。诚信原则不仅是道德性的,而且也是功利性的。只有这样,它才能成为大众普遍接受的原则。在中国传统诚信观已难以适应今天飞速发展的时代的条件下,要发挥社会信用体系的强大功能和现代诚信观的舆论作用,从思想上廓清人们的认识误区,确立义利并重的现代诚信价值理念。

对如何开展企业家诚信教育的问题,相关研究给出了两种选择。其一是加强个人道德修养。中国当代企业家是伴随着改革开放后的市场化进程而产生的,相当一部分是从个体户与乡镇企业发展起来,从"无产者"到"有产者",这中间充其量只有30来年的时间。在这段时间里,中国的大部分创业者还只能把赚钱、聚财作为当务之急,无暇顾及道德修养等精神层面的东西,即使搞企业文化、品牌战略,也只能把它们当作营销手段,或干脆为营销而进行炒作。当然也有一些企业家做得很好,但毕竟和整个企业家队伍比起来是凤毛麟角。这样我们就看到一种非常矛盾的现象:一方面改革开放 30 年,中国的企业和企业家有了巨大的进步,另一方面资本主义原始积累时期的一些丑恶现象在中国的企业中又经常发生,比如制假贩假,剥削童工、女工,侵犯员工权益,欺骗消费者,诈骗客户钱财,盗窃国有资产,靠破坏环境获得暴利等等。

对于个人道德修养培育的逻辑理路,通常的看法是:一般人的道德修养基于人格修养,其人格修养以其良心为支柱,其良心又以知耻为起点,企业家道德修养、人格塑造、良心优化的心路历程也是如此。其二是加强企业家诚信的专业教育。企业诚信管理需要专业的素养及对应的结构与流程设计。国外信用发展成熟的企业,一般在企业内部设有信用管理机构或由专门的机构负责诚信管理,在征信、决策、评价等方面形成了完整的管理体系。而国内企业在信用管理方面还是门外汉,大多数企业并没有将诚信纳入企业决策框架,相关的意识、技术、方法等比较落后。因此,关于企业家诚信研究的文献一般都强调通过教育培训的方式增强企业诚信决策的能力,有部分研究还特别突出通过大学教育培养专业的信用管理人才,以适应企业信用管理的需求。其三是普及诚信教育,塑造企业家诚信决策的外部环境。按照理论研究的观点,普及诚信教育的目的是让更多的人认识诚信的意义,树立诚信意识,进而营造诚信的社会氛围,借此促进企业家诚信水平的提升,其理论的依据就是诚信是存在于社会互动中的。关于普及诚信教育的方式方法,一般是选择宣传教育、树立典型、强化在个人成长初期阶段的诚信教育等。

综合分析企业家诚信理论研究与当前的现实情况分析,关于企业家诚信教育的具体方法,例如培训、专业人才培养、重视从幼年开始进行诚信教育等,具有很强的操作性及现实意义。但是我们不得不反思一种情况,那就是义利相兼的道德教育正在沦落为功利化的工具,道德教育已经失去了其应有的批判与瞄准未来的功能,而在一定程度上推动了诚信困境的形成。企业家诚信教育应当充分结合中国的国情,最为重要的是要结合社会结构的变化。当代中国的特殊性,使得道德教育必须确立双重的任务:既要成为个人主体的催化剂,又要成为个人主

体的解毒剂。因此,在弘扬个人的道德主体性,主张个人利益的同时,
又要健全以公正为核心的德性制度,维护社会的公共道德和社会整体
利益。道德教育不仅仅是对个性的约束和对社会的消极适应,它满足
人类自身发展的需要并创造可能的理想世界,体现个体性与社会性的
统一。而我国道德教育自新中国成立以来,至今一直是以适应论、服务
论为指导思想,道德教育先是被视为阶级斗争的工具,以致演化为政治
教育;改革开放以后,又强调与社会主义市场经济建设服务,适应市场
经济的需要。这实际上造成了道德教育的异化,致使道德教育中的人
性得不到保障,在市场经济建设的前 30 年,过度的经济利益导向又摧
毁了原本的道德的社会导向,从而造成个人欲望的过度膨胀。

马克思指出:正确理解的利益是整个道德的基础。① 企业家诚信
教育作为道德教育范畴的一种现象同样需要符合这一基本规律。企业
家诚信教育最根本的就是在社会上建立利益理解的正确态度与标准。
那么什么是正确的理解的利益呢? 正确理解利益的基础是正义与同
情,正义和同情意味着在不破坏自然秩序的前提下对主体存在的承认
与接受。诚信是基于契约而产生的,契约即是对双方利益的理解形式。
企业家身处多方利益诉求的中心,只有在厘清道德的主体性的前提下,
诚信的方能得以存续,否则,一切的宣教与规则仅仅是在畸形利益格局
下进一步巩固这种不合理性的手段。因此,形成以正义和同情为核心
的企业家诚信教育,超越适应论与服务论,更符合社会道德形成与发展
的规律。

9.2.2 企业家诚信教育的路径与对策

主体性是马克思主义哲学的基本范畴,是指人作为主体在互动性
活动中相对于活动客体所处的态势而表现出来的功能性特性,即能动
性、自主性和创造性。人的主体性在道德领域具体化为人的道德主体
性,要揭示人的道德主体性的具体表现,须从人与道德的关系入手。任
何人与道德都具有双重关系:他既是道德的接受者,又是道德的体现者
和创造者。人的道德主体性相应地表现为两个方面:一方面,人的道德
主体性表现为把被动地接受过程变为主动的探索过程,主动地探索和

---

① 马克思恩格斯全集(第二卷).北京:人民出版社,1957 年,第 167 页。

认识自己、认识社会、认识人与人之间的关系、个人与社会之间的关系。值得注意的是,在这个过程中,个人不是被动地接受各种道德观念,盲目地模仿指定的榜样,而是带着积极性、主动性对现有道德价值体系、行为规范和社会道德现象作独立的思考,理性地做出选择,把人类道德经验和道德知识有选择性地内化为自己的观念和情感,把社会的要求变作自己的欲求。另一方面,由于道德产生于人的需要,因而任何道德知识、道德要求都是人的创造物,虽然任何道德都有先于个人而存在的一面,但每个人在道德生活中却不仅可以做既有道德的选择者、理解者和接受者,同时又可以超越现存的道德体系,做先进道德的探索者、创造者,并身体力行,勇于突破传统和规范,为新道德的确立开辟道路。

因此,企业家诚信教育首先就是要从旧的、传统的诚信观走向新的、现代的诚信观。传统的诚信观强调诚信主要在于个体,而不重视群体,只要个体做到诚信,就可以立足于社会,就可以达到修养自己的要求,因此在中国人的道德实践中,诚信并没有成为普遍的道德义务,它主要是针对个人品德修养而言,并没有上升到责任层面。而现代社会,由于市场经济最显著的特点是通过交换、交易实现资源的最佳配置,人与人之间的联系大大加强,因此调节传统社会人际关系的诚信显得十分脆弱,信用原则便成为规范市场经济运行的基本原则,市场经济的运行处处体现着信用关系,这种信用关系体现在人与各种经济主体之间的交往之中,成为规范群体的规则。因此,必须将传统社会中个人之信与现代社会群体之信统一起来,并对传统诚信观新的解释和论证,使其适应现代社会的要求。同时,"对传统道德思想中的义利观也要进行革新,要鼓励人们在信用的基础上去言利、追利,即将诚信扩展到利益领域,作为规范人们谋利的重要原则之一。"

借鉴冯建军(2005)研究对道德建设的基本思路,围绕企业家诚信主体性与社会性的培育,就企业家诚信教育提出如下理解。

道德发生的原因之一就是个人的利益,利己或自利可以说是人的本性,也是人参与交往活动的动机所在。利己只是一个客观事实,它本身没有道德不道德之分,关键是看如何达到利己的手段。如果是损人利己,或者损公肥私,当然是不道德的,如果是互利中的合理利己,谈不上不道德。道德归根结底是发端于个人利益,它是个人在交往中平衡人与人之间的利益而形成的一种"默契"。主体的道德教育就是要弘扬人的道德主体性,使道德实践成为人与人之间在利益公平的基础上通过利他实现合理地利己,而不是为了他人利益牺牲自我。只有这样,道德才能够成为人的一种自觉实践,而不是"被迫"地做好事。道德教育才能够成为个人自觉的善性追求,才能够自主自觉地建构德性。

商业伦理不应当是空洞的说教,而应当同企业的经营实践密切联系。企业家诚信教育必须关注企业家生活世界的价值冲突,并且为其解决者个冲突提供帮助。与人实际生活发生真实"牵涉"的世界的总和构成人的"生活世界"。诚如胡塞尔所言:"现实生活世界的存在意义是主体的构造,是经验的,前科学的生活的成果。世界的意义和世界存有的认定是在这种生活中自我形成的。"①企业家的生活世界里存在诸多的道德冲突,来自于政府、社团、消费者、员工、股东、家庭等方面的道德标准在同一个问题上可能存在明显的不一致,而这一切都要依靠企业家去面对和解决。如果企业家诚信教育不能正视这些困境与困境中企业家的压力,诚信教育就会成为空洞的说辞。而我们原来的企业家诚信教育,恰恰是忽视了企业家道德的主体性,过于强调企业家对社会性的适应与服从,也就是说,这种教育对企业家来讲更多了一分压力,而没有帮助其正确地面对和解决这写困境。所以,实施企业家诚信教育主体性培育的重要方面在于将制度规范内化为主体自身的追求。内化的道德教育首先是一个过程,即个体将外在的道德规范转化为自己的道德品质的过程;其次是一种心理活动,即个体自己的信念、态度、价值观等的接受或适应,化为自己的品格。这个过程是个体自身内部思想矛盾斗争的过程,而对这种矛盾斗争的激发,则来自外部的文化结构、社会需求、道德意识等,通过一定的运行机制引起个体的内在需求,才能对个体的思想和行为产生影响。当外在的思想道德要求进入教育过程中,如果没有激发起个体内在的需要,个体是不可能真正接受的,即使有外在权威的巨大影响,包括硬性灌输,个体表面上接受了教育,但引不起内部的矛盾斗争,也形成不了内化过程,不能化为自己的品格。

而要为企业家面临的伦理困境提供帮助,就需回到在本章曾经引用的荀子的观点,也就是说如何才能"义分",从教育的角度解释,就是要建立和弘扬可以供企业家进行决策的"义"的标准与"义"的确切意

---

① 胡塞尔.欧洲科学危机和超验现象学.上海:上海译文出版社,1988年,第81页。

义。企业家诚信标准与内涵是企业家同相关利益群体交互作用的结果,其最终的结果取决于多方的博弈。这就涉及企业家诚信主体性教育的第二个方面的要求,及培育同企业家诚信有关联的其他群体的主体性,就是说要通过教育的方式让消费者、员工、股东等与企业诚信决策密切相关的群体具备同以企业家共同确定诚信标准与诚信的内涵,实现契约双方对诚信理解与执行上的一致。当前,我国企业家诚信行为的界定更多是政府与企业家方面的事情,其他社会力量参与其中的意识比较差、参与的渠道比较少、参与的保障制度不健全。在国家民主政治改革进程逐步深入的前提下,从教育方面来讲,就是要让相关群体做好意识与能力上的准备,因而开展这方面的教育具有非常重要的意义。

9.3　规制以约束企业家诚信行为

9.3.1　对企业家诚信制度建设的概括

对企业家诚信制度建设理论依据的探讨已经基本形成一致的观点,基本上是以信息经济学和博弈论为基础,强调保护诚信者的利益,鼓励企业家在重复交易中获取合理的回报。将对诚信的要求上升到法律的高度是基本的实现路径。

美国信用制度模式是以信用中介机构为主导、市场化方式运作的"市场主导"模式,其主要特点有:建立了较为完善的信用法律制度和高效的信用中介机构,政府监管,信用教育与研究发达等。欧洲的信用制度模式是"政府主导"的模式,即相对于市场化模式而言,政府与中央银行在信用制度的建设和运作方面起主导作用。日本的信用制度的主要特点是由银行协会建立的会员制信用机构和商业性信用机构共同组成信用中介机构。此外,上述发达国家的信用制度还有以产权为基础、正式信用制度与非正式信用制度相容等特点。我国的信用制度更类似于欧洲的模式,目前还主要是以政府和中央银行的作用为主。行业协会、中介服务机构及企业自身对企业家诚信的规制作用没有得到充分的发挥。

信用法律制度的内容涉及以下几个方面：一是建立信息开放制度，即界定征信数据的合法范围，规定政府部门、企业、社会团体的信用主体向社会提供信用信息；二是建立对信用服务的中介机构的监管制度，即对信用记录的征集、调查、评估、担保、公开等信用业务活动进行规范，确保信用机构本身的诚信；三是对失信企业、组织和个人的惩戒制度。信用法律制度是一个由众多法律法规构成的具有相互制约和促进关系的法律体系。譬如美国，其有关信用的基本法律有《公平信用报告法》、《平等机会法》、《公平债务催收作业法》、《公平信用结账法》、《诚实租赁法》、《信用卡发行法》、《公平信用和贷记卡公开法》、《电子资金转账法》、《储蓄管理机构违规和货币控制法》、《银行平等竞争法》、《甘恩一圣哲曼储蓄机构法》、《房屋抵押公开法》、《房屋贷款人保护法》、《金融机构改革一恢复一执行法》、《社区再投资法》、《信用修复机构法》等，此外还有很多外围支撑性与补充性的法令法规。国外在信用法规制定方面非常细致，对企业管理的指导性更强。例如欧盟 2008 年通过的新《消费信贷指令》第 4 条专门对广告中所包含的标准信息做了详细规定，对涉及无担保贷款的广告中提供的标准信息规定了新的强制性要求。第 4 条第 1 款规定，任何与信用协议有关的，向消费者表明与信用成本有关的利率或任何数字的广告，应包括符合本条规定的标准信息。该条第 2 款又规定，标准信息应通过一个具有代表性的例子，以清晰，简明和突出的方式阐明。这些标准信息包括借款利率、信用总额、收费年百分率、信用协议的有效期限、消费者应缴总额和分期付款总额等等。再如对撤回权的规定，新的信贷指令不仅对撤回权作了明确规定，还赋予消费者提前还款的权利。欧盟新消费信贷指令对提前偿还的规定是该指令的主要立法成就之一。欧盟新消费信贷指令明确授予消费者在任何时候提前偿还贷款的权利，并且规定贷款人有权就与提前还贷直接相关联的成本得到补偿，此外，新指令还严格规定了提前还贷收费的条件、收费的最高额和不得收费的情形。我国已经颁布了与信用相关的法律法规，例如《合同法》、《债权法》、《担保法》等等，但总体来看，信用立法的进程比较缓慢，一部《征信管理条例》千呼万唤还没有出台，这也是造成当今社会诚信困局的重要因素。虽然为了缓解燃眉之急，政府机构发布了系列行政性的指令或指导意见，但其效力远不能满足社会发展对信用法制化的要求。

法制理念是对法的目的与意义的客观再现。目前我国信用法制建设存在的根本问题是政府职责的不清晰,直接的表现是政府对市场行为存在过度干预的情况,企业家的自主性与主体的地位还没有得到充分的保证,因而企业失信的问题在很大程度上是政府失信的反映。在信用管理领域,市场自身的调控作用没有发挥出来,中介机构、行业组织、企业自身的信用约束机制没有得到良好的培育,政府主导的信用管理行为过于强势在很大程度上抑制了市场自我管理的机制。随着国家政治体制改革的进程与社会主义市场经济的逐步成熟,信用管理的法制观念应当更加能体现利益主体自身的需要。

法制结构是政治结构的体现,合理的法制结构应当能对不同群体的利益给予充分的、平等的关注。在信用法制方面,法制结构的设计需要让诚信的观念与标准对任何个体都是一致的。我国信用法制结构在这一方面还比较落后。发生在 2010 年的大连漏油事件、紫金矿业污染事件、深圳污水处理厂直排事件,等等诸如此类失信于社会的事件,无不表明尚有部分人群是处于信用法制所不能触及领域,这对于信用法制来讲简直是一种戏谑。此外,法制结构还表现为立法与执法的协调,我国每年的法律纠纷案件有大量的是在判决以后无法执行,或执行不到位,这也会损害法制自身的威信。

综上所述,企业家诚信法制建设需要以主体利益为基础,坚持正义的原则,形成尊重社会发展规律的法律体系。

9.3.2　企业家诚信制度建设的建议

在分子式的生存方式和人学观中,道德被驱逐出社会的中心而边缘化,法律和制度走上了前台,成为维系人与人关系的主要手段和工具。[1] 企业家诚信法制建设的基本理路就是,以道德的制度确保社会的公德,培养个人的社会性或集体责任感。基于前文对企业家诚信法制环境的分析,提出如下建议。

第一,明确政府职责,确立政府与民间共同参与的信用法制体系。合理区分政府与民间信用管理的边界,在市场有效的情况下,政府角色应当淡出。在鼓励社会信用自律机制形成的前提下,强化政府对企业

---

① 鲁洁,《当代德育基本理论探讨》,江苏教育出版社,2003 年,第 81 页。

家信用管理的基础作用。李学兰博士通过对融资性合会的调查,认为发生于现代市场经济条件下合会成员之间的信任关系是一种丰富的社会资本,根基于传统与习惯的信任文化,在现代市场经济条件下,有可能成为网络治理模式的制度资源。在法治原则下,通过实行特殊型合会登记对当代民间合会进行必要的法治规制,从而建立起民间习惯与国家法律互动的制度途径。而垄断必然带来高成本、低效率和消费者的大量投诉。这样的弯路我国真的不能再走了。在现代信用国家,信用中介机构,包括信用调查公司、信用征集公司、信用评价公司、信用担保公司、信用咨询公司等,其立业的根本都是以自身的信用和必要的资本承担经营责任,以独立、公正、平等地第三者身份为社会各界提供信用产品或服务。我国社会信用中介机构的举办者不应是执法者身份的政府机构或在市场中居垄断地位的利益团体,而是应当由民间投资者联合出资组建。政府的作用主要体现在对信用体系建设给予政策性的支持,扶持信用产业的发展,如加强制度和政策供给,促进信用信息开放,营造良好竞争环境等等。

第二,加速企业诚信立法进程,完善信用法律体系。

加快《信用法》、《公平交易法》、《征信法》、《反商业贿赂法》、《隐私法》、《企业信息公开法》等信用立法的进程。此外,为了完善对企业诚信的法律体系,应当对《公司法》、《企业工会法》、《反垄断法》等制定补充性的法律法规、行政规章等,明确企业家在企业决策中应当承担的具体的信用责任、取证方式、惩戒办法等,以落实对企业家诚信法制化的理念。

第三,加强企业家信用制度建设的协调。政府应切实加强对社会信用体系建设的协调、监管和服务。首先,社会信用体系的培育是一项耗时很长、内容涉及面广泛的系统工程。从涉及的部门来看,根据现行体制,参加社会信用体系建设的单位至少包括人民银行、银监会、商务部、国家发改委、工商、质检、食品药品监督管理部门、税务、海关、统计、公安、法院等政府部门,以及银行、电讯等相关企业;从涉及的内容来看,征信服务至少牵扯到政府和企业信息的开放、信用产品的出售和使用、国家秘密和企业商业秘密以及个人隐私权的保护等等许多错综复杂的问题。很难设想,如果没有政府的协调、监管和服务,这些不同部门之间的关系可以得到很好的理顺,这些错综复杂的问题可以获得有效的解决。

第四,完善企业家诚信惩罚制度体系

当前出现的一个重要问题是,因企业家失信而受到伤害的有关方面,不知道该如何去获得补偿与救济,关于追诉的主体、赔偿标准、认定程序等重要环节都缺少明确的法律依据。让失信的人受到惩罚是保证诚信的重要途径。如果没有明确的法律规范,失信者获得的回报远高于其付出的成本,制度岂不成了为虎作伥的盾牌。因此,应当在惩罚制度方面进一步明确失信者的责任,而实现这一点的关键是实现制度设计主体的多元化,以及制度执行的公开化。国家需要出台对应的法律保障消费者、员工、社区等群体进入规则设计与执行过程,体现它们的意志。

9.4　服务以落实企业家诚信理念

9.4.1　企业家诚信社会服务体系的内涵

从供需的角度来看,企业家诚信社会需求是否能得到满足很大程度上取决于供给一端的积极性,就是说企业家层次是否有提供诚信的需求。供给与需求只有在充分互动的格局中才能逐步发展为良性的结构,否则就会出现供求的失衡。这种互动应该是基于彼此需求而产生的主动行为,所谓的管制或约束虽然可以规范主体的行为但却不能启动行为。社会资本将是未来社会进步的基本资源要素,诚信是社会资本形成的根本保障。企业家诚信如果仅仅停留在不违信的层面,尚不能满足社会发展的要求,更为重要的是将诚信转化为企业家谋求更大发展的内在需求。企业家、消费者、政府等供需主体是影响诚信需求的一个重要因素,社会是否能为这种需求提供相关的服务则是另外一个关键方面。需求是能够被开发和引导的,企业家诚信需求同样如此。对服务最一般的解释是,不以实物形式而以提供劳动的形式满足他人的某种需要。企业家诚信是一种服务产品,其劳动形式就是通过诚实、守信、诚直、精诚的途径发展企业。这种服务产品的供给者是企业家,需求一方则包括消费者、员工、股东、政府、社区等与企业相关的群体。

企业家诚信社会服务体系就是指促进企业家诚信服务产生、评价、交易等活动,由一系列组织、技术、制度等组成的结构形态。

关于企业家诚信社会服务体系的构成,学界还没有形成相对一致的观点。陈丽娜(2007)认为信用服务机构建设、信用信息系统建设、对失信行为惩戒机制、信用法律体系建设、政府监督和管理体系建设等是基本内容。林钧跃(2003)将信用数据库、信用中介机构、信用产品管理、信用教育与培训列为信用服务体系的主要内容。王淑芹(2005)将教育和评价视为信用服务体系的关键内容。张小路(2004)认为政府的信用服务、社会中介组织的信用服务、企业的信用服务、个人的信用服务是信用服务体系的构成部分。罗会德和王滨(2008)认为信用服务体系应该包括文化、制度机制和社会信用组织三个部分。谢科进(2002)从企业信用标准、企业信用管理数据库、企业信用等级评审、制度安排、理论研究和人才培养、政府相关部门支持、企业信用中介机构与行业自律组织等方面总结信用服务体系的内容。刘选(2008)将政府信用体系、企业信用制度体系、非政府组织信用的建设、社会公众个人信用制度建设等作为信用服务体系的基本内容。姚广海(2005)则完全从信用服务业发展的角度进行了解,认为信用调查、信用评价、国际担保、信用担保、信用保险、商账管理与追收、信用管理咨询等是信用服务体系的主要构成内容。从上述与企业家诚信服务体系相关文献的各种理解分析,目前对企业家诚信服务体系的内涵还没有相对一致与清晰的界定。部分文献从广义上认为诚信服务体系包括了政府监管、法律制订、教育引导、中介组织服务、技术装备等与诚信服务发展相关的所有内容;其他的文献理解的视角更为具体,主要从相对于政府监管而言的层面,认为中介组织、信用数据库、征信活动、教育培训等是该体系的内容。

对企业家诚信行为的社会治理大致有两种途径,第一是借助于惩戒机制实施以法律规制为主导的约束,第二是借助诚信资本利益实施以社会自我调节为主的激励与保障。本研究基于这两方面选择的差异,从企业家诚信的激励与保障的角度去界定企业家诚信服务体系的内容结构,参见图 9-1。

```
                    ┌─────────────────┐
                    │  企业家诚信服务体系  │
                    └────────┬────────┘
         ┌───────────────────┼───────────────────┐
    ┌─────────┐         ┌─────────┐         ┌─────────┐
    │ 生产型服务 │         │ 交易型服务 │         │ 支持型服务 │
    └────┬────┘         └────┬────┘         └────┬────┘
         │                   │                   │
    ┌─────────┐         ┌─────────┐         ┌─────────┐
    │  制订标准  │         │  征信服务  │         │  组织体系  │
    └─────────┘         └─────────┘         └─────────┘
         │                   │                   │
    ┌─────────┐         ┌─────────┐         ┌─────────┐
    │  教育培训  │         │  公开服务  │         │  制度支持  │
    └─────────┘         └─────────┘         └─────────┘
         │                                       │
    ┌─────────┐                             ┌─────────┐
    │  声誉传播  │                             │  技术支持  │
    └─────────┘                             └─────────┘
```

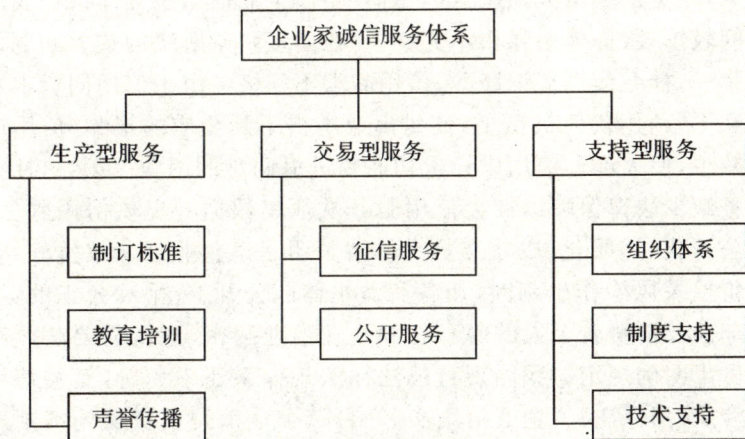

图 9-1　企业家诚信服务体系

　　企业家诚信社会服务体系的基本功能是促进企业家诚信服务社会供给、沟通企业家诚信供给与需求、保障企业家诚信体系的协调运转。本研究将以促进企业家诚信服务社会供给的为主要目标的服务称为生产型服务,包括的主要内容有通过制订标准,界定诚信的内涵以提供诚信行为判断的标准,通过教育培训引导企业家的诚信行为以提供诚信行为的内在动力,通过声誉传播影响诚信资本以提供诚信为的外部动力。交易型服务主要功能是沟通企业家诚信供给与需求之间的联系,包括征信与信息公开两类服务内容。支持型服务为维护企业家诚信生产与交易体系提供保障功能,包括以信用服务为内容的市场化或非市场化的组织建设、相关的制度建设及以信息管理技术、评价技术、管理咨询技术等为主体的技术支持。

　　国内从 20 世纪 80 年代末开始陆续建立一些信用服务机构,其中信用评估机构大约有 40 家,个人征信和企业资信调查服务机构大约 50 家,信用担保机构大约 400 家。近些年,我国某些地区也制定了市场主体不良行为警示记录系统管理办法,凡存在不良行为的企业都将被锁入"警示系统",在被锁期间,上述企业或单位不得出资兴办企业,不得成为已设立企业的股东或出资人,其在工商部门办理变更、注销等登记行为也将同时受到限制。锁入期满后有关限制予以解除,但其违法违章记录将做永久性记载。社会各界可通过网站查询企业是否有不良记录,避免造成更大损害。但总体来看,企业信用服务体系在我国建立时间较短,服务体系还很不完善,存在诸多亟待解决的重大问题。

第一,社会信用意识淡薄,信用需求不积极。由于信用同资本之间缺少联系,信用价值被低估,使付出成本得不到相应的报酬,信用产品需求减少,使大部分信用中介机构面临进退两难的困境。第二,社会信用服务缺少法律保障。社会信用服务从征集数据到提供信用服务,信息需公开化、透明化,以使交易主体清楚明了该企业经营效益好坏,对交易价值及风险作出判断,让各利益主体能公开、公平和公正的竞争。但这却涉及消费者个人的隐私权和企业商业秘密,这就需要法律法规对此做出明确规定。我国现行的法律法规体系还不完善,有关信用的法律涉及《担保法》、《企业信用实名制》、《企业消费信贷实施细则》等,很不完整,甚至会出现失信代价小于失信收益。第三,征信体系尚未深入企业决策。我国中央银行开展对各企业信贷记录体系建设起步较晚。资信调查主体在对企业进行资信调查时还存在主观性和片面性,信用数据封锁还很严重,而且大多数数据以财务数据为主,能够反映企业决策机制的信息非常匮乏。第四,企业信用评估体系发育不健全,缺乏多样性,效率也比较低,服务范围狭窄。第五,企业信用担保体系成长缓慢。中小信用担保公司由于资本金规模小,政府扶持力度弱,银行与企业沟通的不足,以及担保时收费过高等问题,使业务运作很缓慢。第六,企业信用服务工具体系发展不完善,为中小企业服务的信用工具非常有限,而且融资渠道单一。综合各方面对当前企业家诚信服务体系建设存在问题的分析,信用服务业发展体制与信息公开服务是两个薄弱环节,本研究将在随后对这两方面进行进一步阐释。

9.4.2　企业家决策公开服务

企业家决策公开是指对企业家诚信决策的合理要求,即将企业决策黑箱以适当的方式让利益相关者进行了解。企业家决策行为之所以要实现公开主要是基于如下原因。首先是市场信息的非对称性。市场上的各种交易,无论是实物形式的商品交换还是货币形式的信贷,双方或多方都需要了解对方的信息,以作为交易的决策依据。而事实上,由于市场中的客观原因或市场主体故意隐瞒等主观方面的原因,在市场交易活动中,时常存在着信息不对称的现象。信息不对称性增加了欺诈的可能性与操作空间,并由此导致对利益预期的不确定性。为了降低这种风险,市场主体就要对交易过程的各种信息进行搜集和鉴别。如果这种活动没有社会性的服务支持,每个企业将承担巨大的成本,尤其是针对交易对象内部的信息搜集,一般的企业往往无法实现。出于交易安全的考虑,在信息不对称的情况下,交易者会降低对收益的预期,进而导致整体市场效率的下降。信息搜集和识别的科学性要求及公正性保证,则需要具有中立性、专业性或担保性的信息管理服务机构。其次是信用信息的分享性。信用信息具有分享性,即信息所具有的非消耗性和重复使用性,就使得同质的信用信息资源可以满足众多用户的需要,是信息资源可以在广泛流动中达到分享。而对于单个企业来讲,信息的分享性同其联系并不是很大,但从社会整体信用发展来看,信息的这种特性使得信用社会服务能够获得长期的效益,从而提高对信用体系建设的投入回报率。

　　企业家决策公开的前提条件是对公开内容与标准的界定,也就是说要从制度上规定企业家决策应该公开什么,以及公开到什么程度。有人也许会质疑,企业家诚信公开是否会伤害企业的隐私权,破坏企业的自由竞争。企业家决策公开并不是要让社会闲杂人等进入董事会去旁听,而是要让能够体现决策过程与结果的企业运行活动在不伤害企业正当利益的情况下,以适当的方式,向有关群体公开。企业公开其决策过程即使是在自由的市场经济国家也是企业应该履行的基本责任,并且有非常严格的法律规定。作为交易的一方,提供必要的信息,是实现交易的基本要求,这并不会伤害自由竞争,并且会为遵守规则的人带来更长远的回报。我国企业信息公开公开情况存在披露信息单一、信息不完整、信息质量差等诸多问题,綦好东与黄跃群(2009)对中央直属国有企业的网站进行分析,情况如表 9-1。从表中可以看出,所有的企业在其网站上都披露了企业的简介及业务范围,这主要是出于企业对外进行广告宣传的动机,或是进行业务往来及产品推销的目的。另外,有 43.9%的企业披露了资产总额,20.5%的企业披露了营业额或利润。这些披露也多出于对企业的形象、规模、实力进行宣传的目的。而最能反映企业经营成果的主要财务数据只有 9.1%的企业进行了披露,集团公司的年报更是仅有 6.8%的集团公司进行了披露。

表 9-1 企业信息公开情况表

项目 类别	企业数	公司简介	业务范围	组织机构	资产总额	人力资源	主要财务数据	集团年报	社会责任	营业额或利润
重工业	27	27	27	20	14	5	2	2	2	5
轻工业	16	16	16	10	6	1	1	1	2	3
能源类	16	16	16	10	6	1	1	1	2	3
科研与技术服务	17	17	17	9	5	1	1	1	2	4
建筑类	5	5	5	4	2	0	0	0	0	3
农村类	8	8	8	3	1	0	0	0	1	0
信息产业	9	9	9	5	5	0	0	0	0	1
外贸类	11	11	11	8	4	1	1	1	1	3
交通运输	9	9	9	5	3	0	1	0	0	2
投资类	7	7	7	4	2	0	0	0	0	1
服务类	7	7	7	2	2	0	0	0	0	0
合计	132	132	132	83	58	12	12	9	13	27

没有企业决策公开,企业家诚信就无从谈起。我国企业决策公开程度差,很大程度上是由于缺少法律上的要求。我国的《民法通则》、《全民所有制工业企业法》、《公司法》、《产品质量法》、《广告法》、《消费者权益保护法》、《会计法》、《统计法》、《证券法》、《刑法》等法律和《公开发行股票信息披露实施细则(试行)》、《公开发行股票信息披露的内容与格式准则》等法规,对企业信息公开行为进行了规制,对国有企业还专门出台了相关的企业信息公开办法。但现行的对企业信息公开的法律要求过于分散,而且一般强调对政府部门的公开,对公众层面的责任规定比较弱,对于隐匿信息企业的处罚力度也偏弱,因此不能发挥有利作用。国际环保组织绿色和平 2009 年 10 月发布一项调查报告,指责包括壳牌、卡夫、摩托罗拉、普利司通、中石化、中国神华、中国铝业、东

风汽车等在内的 18 家中外知名企业公然漠视《环境信息公开办法（试行）》,存在隐瞒污染物信息的违规行为。

西方发达国家对信用的立法主要针对个人数据和个人隐私权进行保护,很少涉及企业征信保护,这是因为关于企业商业秘密的保护条款已在相关法律做出规定。对企业信息公开进行立法是一个浩大的工程,日本《信息公开法》的出台历经尽 30 年,以我国当前信用管理情况,相关立法工作将面临巨大压力。但美国、日本、韩国这样发达国家的信息公开立法也不是一朝一夕完成的,也是在逐步尝试的过程中走向完善的。关键是要将立法工作提到日程上来。

社会责任审计是推动企业诚信的有效方式之一。1953 年,Howard Bowen 在其《经营者的社会责任》一书中提出了社会责任就是有义务去追求符合社会价值的目标的观点。这便是研究企业社会责任的开端。经过长时间的讨论,经济发展委员会 1971 年发表了名为《企业的社会责任》的文献。同时,20 世纪 60 中期至 70 年代中期,美国联邦政府和州政府制定了许多社会规则,许多非政府机构主要以下几个方面开始进行社会审计:环境保护、员工安全和健康、服务质量和平等的就业机会。1986 年由企业伦理中心在美国进行的一项研究表明,43％以上的《财富》500 强企业都在不同领域进行过企业社会审计,社会审计所涉及的问题包括:就业机会平等（89％）;遵守法律和社会规则（81％）;参与当地社区建设（67％）;工作场所安全（65％）;产品和服务质量（57％）;环境保护（55％）;遵守国外法律（50％）;产品和服务安全（44％）(Muel Kaptein,1998)。

根据李艳(2010)的研究,国内上市企业对社会责任审计的重视程度逐步提高,参见图 9-2。但总体来看开需要进一步推动。AA1000 鉴证标准是全球第一个关于社会责任报告的审计标准。目前全球已经有几百家公司的社会责任报告按照 AA1000 鉴证标准出具了审计报告,我国还没有形成自己的社会责任审计体系。当前需要考虑的是如何根据我国的经济与社会环境,建立一套适用于我国企业的社会责任审计程序和方法。

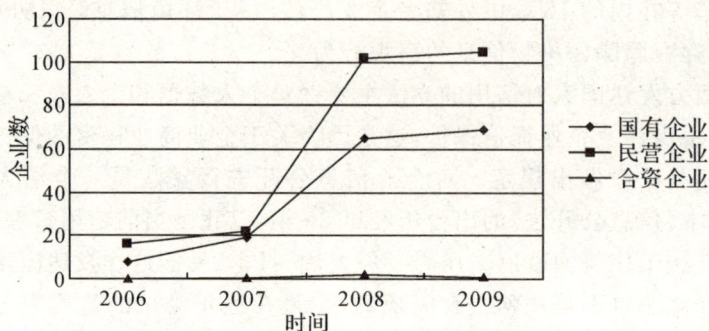

图 9-2　国内企业参与社会责任审计的情况

9.4.3　企业家诚信服务运行体制

企业家行为具有明显的政治性特征,投资人、政府、员工、客户、社会团体以及企业家自身构成了一个复杂的政治协商网络,诚信在一定意义上是多种力量相互作用的结果。企业家诚信服务运行体制要解决的根本问题是对相关力量进行平衡的制度设计。在市场经济的长期实践中,西方国家建立了不同模式的社会信用体系,总括起来有三种:一是以美国为代表的企业经营模式,二是以德国等为代表的政府主导模式,三是以日本为代表的行业协会模式。比较分析西方社会信用体系的不同模式,对健全我国企业家诚信服务体系具有重要意义。

由于美国具有完备的信用立法,征信数据的取得和使用都有明确的法律规定,因此,政府在信用行业管理中作用比较有限,但民间信用管理组织在信用监管中有重要作用。比如,美国信用管理协会总是以信用管理行业代表的身份出现,参与修改影响信用和金融的过时法律,制定符合当前情况的新法律。与美国模式不同,德国政府不但通过立法要求企业和个人向公共征信机构提供征信数据,以建立为金融监管服务的公共信用信息登记系统,而且从联邦政府到各州政府都设立个人数据保护监管局,负责对掌握个人数据的政府机构和信用服务机构进行监督和指导。日本的征信业经历了从政府资助到自由经营的历程,目前个人征信业以行业协会自律为主,政府很少参与监管。

在美国的市场经营模式中,信用管理与服务机构都是独立于政府之外的民营机构,它们按现代企业制度的方式建立,并按市场化方式运作,面向全社会提供信用信息服务。美国企业和消费者信用信息的征信和评估实现了社会化分工,消费者信用调查和评估主要由伊克法克斯、环联公司和益百利公司三大信用局提供,企业信用调查和评估绝大部分由邓白氏公司提供。美国的穆迪、标准普尔和菲奇则是专门负责资本市场信用评估的机构。美国的消费者信用信息除了来自银行和相关的金融机构外,还来自信贷协会和其他各类协会、财务公司或租赁公司、信用卡发行公司和商业零售机构等。企业征信数据主要来自各公司定期提供的内部信用信息和政府公共信息,多数银行出于竞争目的不向征信机构提供它们掌握的企业数据。在德国的政府主导模式中,征信机构主要以公共信用信息登记系统(公共征信机构)为主,私营信用局以公共征信机构为依托。公共征信机构由中央银行或银行监管机构开设,它不提供任何形式的信用调查报告,主要为中央银行的监管职能服务。私营信用局则是独立于政府之外的民营机构,为企业和个人提供信用调查和评估报告。德国的公共征信机构通过法律或决议的形式强制性要求所监管的银行、财务公司、保险公司等在内的所有金融机构必须参加公共信用登记系统,并定期将所拥有的信用信息数据报告给公共信用登记系统。当然,公共征信机构主要采集公司和贷款数额较大的个人客户信息。在日本的行业协会模式中,个人征信机构主要由银行业协会、信用卡产业协会以及全国信用信息联合会创办的三大个人信用信息机构,即全国银行个人信用信息中心、株式会社日本信息中心和株式会社信用信息中心组成。日本的个人征信采用的是行业协会模式,企业征信机构则采取的是市场经营模式。必须指出的是,日本的信用信息机构只对客户信息的真实性负责,不做主观分析与评价,这与其他西方国家的征信机构有所不同。在日本,除个别忌讳披露个人信用信息的客户外,凡与金融机构、信用卡公司等有业务往来的客户都同意向个人信用信息机构提供个人信息。日本个人征信机构在收集客户信用信息时遵循信息最小化原则,只收集和登记有助于分析客户偿还能力与支付能力的最低限度的信用信息,包括客户的自然情况、贷款情况以及违约记录。

美国的不良信用惩戒机制的突出特点在于:具有完善的个人、企业征信和评估数据库,法律支持信用管理与服务机构向交易双方、授信人、雇主和政府机构有偿提供信用调查报告,通过社会联防机制,让失信记录方便地在社会上传播，把失信者的失信行为转化为对全社会的失信。同时，失信记录依照法律要保留多年，使失信者付出代价，轻者受到经济处罚和劳动处罚，重者需要司法配合，不仅如此，美国还设立了少年法庭，对少年失信也同样予以司法处理。德国具有政府倡导建立的市场联防机制，由具有监督功能的政府部门、授信机构、雇主、公共事业单位等参加。如果一个人在德国闯了红灯，不仅会"株连"到保险费的增加，而且在银行分期付款的年限也要缩短，甚至孩子交学费也要由分期付款改为现金支付。日本个人征信机构在收集客户信用信息时，要收集和登记客户的违约记录，包括债务逾期、预期回收、代理偿还、强制回收、强制解除贷款合同、票据拒付等内容。违约记录是个人重要的信用记录，一般将被保存和公示五至七年。金融机构和信用卡公司等往往根据消费者的信用记录决定是否对其授信。

　　美国的市场导向模式与日本的行业协会模式有共同的基础，就是社会已经建立了相对完善的信用法律框架，信用服务企业、行业协会及相关组织能够据此开展市场化的或社会化的服务工作。此外，三个国家的信用模式都是以贯通立法、征信与惩戒诸环节为基本操作方式的。第三是信用服务主体的责任、行动方式与利益联系有明确的界定。当前，我国社会信用服务体系的建设和发展，总体上尚不具备单纯依靠市场来推动的环境和条件，政府主导的信用服务依然发挥着关键性作用，但同时也存在一些不容忽视的突出矛盾和问题，其负面影响和作用相当明显，发展的可持续性也难以得到充分保证。因此，客观上需要进一步加强和完善社会信用基础建设，逐步建立一个统一高效且具有可持续发展潜力的信用中介服务市场。[138]对我国当前社会信用的观点大致与此相同，似乎市场化可以解决关键问题。实际上国外对信用立法的过程已经证明，信用体制框架的建构从来都不是市场主动完成的，关键的力量来自于政府。我国市场经济虽然有了一定程度的发展，但还是非常不成熟的市场体制，参与市场交易的各类主体更愿意在短期投机行为中获取利益，对诚信之于商业的意义虽然承认，但却没有多少人愿意主动承担，因为体制框架不能保证现行坚守诚信者的利益。如此便形成了一种困局，这是市场经济发展到一定阶段以后，其自我调节机制失灵的典型特征。政府力量是打破这种困局并进而建立新的平衡的主要力量。政府力量发挥作用的前提是其主动参与的意愿，而政府的意愿则取决于其所代表的利益群体的诉求。如果股东、消费者、员工、环保组织等利益群体没有这种利益诉求的意愿表达，或者这种表达的影响力过于弱小，政府对信用体制构建的主动性就缺少存续的依据，企业信用的社会治理也就无从谈起，只能是听任那些商业大鳄任意妄为。

综上所述，国内企业家诚信服务体制的建设应当坚持以政府为主导，在基本框架趋于完善之后再逐步发展以社会中介组织与信用服务企业为主体的社会化治理形式。而以政府为主导的体制建设关键应该在于让相关群体拥有参与体制建设的机会、渠道与权利伸张的保障。结合世界各国政府职能改革的发展历程，可以说政府必须在社会综合发展方面发挥必要的干预和促进作用。

根据我国建构社会诚信体系的紧迫性和新时期政府职能转变的方向，首先要健全有效的宏观调控职能。我国的市场经济刚刚起步，社会诚信体系的建构很容易形成一哄而上的混乱局面。在这种情况下，作为制度供给者的政府就应该从宏观上进行调控，主要应该从法律制度上规范我国目前在建构社会诚信体系方面的窘境。

第二是要提供完善的协调服务职能。为社会诚信体系建构提供服务应是我国政府的重要职能之一。首先政府应加强服务于诚信建设的基础设施建设，基础设施是社会诚信体系得以存在、运作的根本前提和物质保障。包括建立统一的征信、评级和服务标准；集中力量打造不同层次的信息服务平台；大力推动诚信管理教育，培养诚信服务专门人才。其次，为中介机构及信用服务企业提供协调服务，创设供其发展的良好市场环境，同时因为个人信息大都分布在政府各个职能部门，他们代表了各自不同的利益，因此，不同部门的利益需要政府去协调。最后，政府应加强诚信环境建设，加强诚信宣传和教育，逐步增强全社会懂信用、守信用、用信用的观念和意识，让"诚信守信"成为全体公民的基本行为规则。

第三是发挥应有的监督管理职能。监管职能的缺失将会使社会诚信体系的建构前功尽弃。不管社会诚信法律制度多么健全，如果得不到执行或执行不到位，也发挥不了应有的作用。社会诚信体系建设的规范和有序需要政府部门加强领导和监管，尽快形成行政性惩戒机制，政府各个监管部门要采取记录、警告、处罚、取消市场准入直至依法追究法律责任等多种监管手段，切实保障社会诚信体系的有效运行，目的是在全社会形成健全的市场和社会监管机制,为最终建立一个以市场规则为基础,制度健全,手段完备,管理有序的社会诚信体系作好铺垫。

9.5　政策以引导企业家诚信方向

9.5.1　公共政策与企业家诚信的联系

公共政策是政治系统权威性决定的输出,是对整个社会所做的权威性价值分配。[①] 公共政策要从认识和实践上呼应伦理道德的要求,没有任何一个国家的公共政策是完全价值中立的。公共政策研究者都认为公共政策是政府或公共权威为处理公共事务、提供公共服务、实现公共管理而制定和实施的公共行为规范、行为准则和活动策略的总和。公共政策不同于企业决策,因为公共政策是作为公共权力主体的政府或者其他公共性机构所作出的,其客体是公共利益,所以"公共性"是公共政策的根本特性,政策伦理研究应当以"公共性"作为逻辑起点。以"公共性"作为公共政策伦理研究的逻辑起点,就要求将公共政策伦理研究的核心范畴与基本伦理规范建立在社会公平与正义的基础之上,以实现公共利益作为公共政策的根本目标,强调政策主体的公共责任与公共精神。

公共政策是公共主体为公共性生活而做出的策略性选择,其目标是为了创造并分配公共利益,维护公共生活健康有序地运行,所以公共利益应当是最基本的价值导向。但究竟什么是公共利益,对这一概念的而界定就牵扯到公共政策的价值取向问题。功利主义对公共政策的理解建立在一个特定的逻辑前题上,也就是社会并不是一个有机体,而是一个虚构的共同体,是由原子式单个的个体所组成的。所以,共同体的利益无非是由组成其成员的个体利益简单相加所得到的总和,个体利益才是共同体利益的基石。最大多数人的最大福利其实就是个体福利最大化,政策决策无须去考虑利益的安排与分配。约翰·罗尔斯在

---

① Wu qiyuan,《Public Policy》,The Commercial Press(H. K.)Ltd.,1989 年,第 4—5 页。

《正义论》的开篇就指出正义是社会的首要价值。社会资源的相对匮乏使得所有利益要求都得到满足是不可能的,每个人都希望在合作体系中得到更多,而且不是更少,所以,他们又必然地处在冲突中,合作体系的稳定有赖于冲突的解决。因此正义是秩序良好的社会的基础。诺齐克对公共政策伦理标准的理解是建立在"权利"这一理念之上的。在他看来,个人是具有理智、自由意志的道德主体,他们完全能够按照某种选择的全面观念调节和指导其生活的能力。不能在未能得到个人同意的前提条件下,就为着他人的目的而牺牲或利用他们。政治决策作为政府对公共生活的安排与干预是不可越过个人权利这一界限的。从个人与政府的关系来看,公共政策也只有限制在国家权力使用可以得到合理性辩护的地方,公共政策的伦理标准只可以是持有正义而不可以是罗尔斯式的分配正义。作为一个自由主义者,德沃金相信每个人的人生都是有价值的,政治社会组织的合理性就在于可以让每一位公平的人生都不会虚度,他们不会因为能力、财富、技能、性别、种族等各方面原因而承担不幸的命运。因此,公共政策一定要体现平等的关切,既要在道德上平等地对待每一个人,又要让人们为自己选择承担责任。对公共政策不同伦理标准的设定反映了不同的社会秩序结构,而在不同秩序之下,微观主体行为的伦理特性也有明显的不同。

　　在任何一本关于商业决策分析的著作中,政策对于企业家决策的影响必定是重要的内容。政策规定了企业家行为的总体框架,是影响企业家对外来的判断的基本因素。政策还对企业家可以获得的资源及其价格有决定性的作用,并进一步决定了企业家们会用什么样的方式去获取企业发展所需要的资源。企业家根据政策的引导或影响安排企业活动,借此建立了政策伦理与企业伦理行为的联系。譬如,国家对民营企业与国有企业产业政策方面的差异,造成民营企业在市场竞争中处于劣势,很多民营企业为了获取企业发展的机会与资源,更倾向于采取非正规甚至违法的方式。再如国家经济发展政策的朝令夕改问题,商务部高级研究员马宁就曾表示,政策经常变化造成企业无所适从,很多企业要么钻政策的空子,要么与官员共谋寻租,更多的则是只图短期利益,难有长远打算,这种状况将会危及中国经济。

9.5.2 走出功利主义的困境

功利主义的政策主张主要包括两个方面:第一是政府决策与执行的基本依据都是政策效果或效率,确切地讲,乃是决策结果的损益值;第二是对于政府的公共政策而言,"最大多数人的最大幸福"是正确与否的唯一衡量标准。功利主义政策表现出来的明显特征是直观性、经济性、偶然性和失衡性。从改革开放以来,我国的公共政策实际上奉行的是功利主义,功利主义自身的缺陷伴随着经济总量的增长日益显现,企业家诚信的困境在很大程度上是公共政策的功利性引致的。特别是在今日之中国,由于独特的意识形态、国情及之前失衡发展逐步积累起来的社会问题,以功利主义伦理理论为基础的公共政策,已经显得片面而且不合时宜。对其进行反思和探求新的社会发展模式与路径是建设和谐社会主义社会的必然要求。

自十一届三中全会开始,中国社会转入以经济建设为中心的轨道,特别是市场经济体制改革目标的确立,极大地冲击了中国社会的传统道德观念,公共政策的基本价值取向由政治理想主义转向现实的功利主义。随着公共政策政治理想主义的弱化而政策工具主义功能凸显,公共政策日渐突出经济建设和社会发展内容,功利取向不断强化,当经济建设成为政府与社会一切工作的中心时,经济效率必然会受到人们重视,"时间就是金钱"、"效率就是生命"自然成为经济活动追求的首要价值。与此同时,政府开始重视行政效率,效率成为备受关注的行政价值,"效率优先、兼顾公平"成为公共政策决策的主导理念。公共政策对效率的过分偏爱和追求,驱使人们从功利角度计算政策效率,忽视政策过程与决策方式的科学性。失信要比失利更让人重视,短期利益比长期汇报更加诱人。正是在这种背景下,企业家失信行为才得以肆虐。

古今中外无不将诚信视为伦理的基础,是对社会基层价值观念的考量。企业家诚信建设不是简单的激励或约束能解决的问题,公共政策伦理是企业家诚信发育的土壤,如果不能对公共政策伦理进行适应性的调整,依然以功利主义为导向,企业家诚信将是无源之水。公共政策应当超越理性经济人的假设。在公共行政的领域,只有当行政行为发生的前提是道德的时候,才会有道德的结果。在现今的社会条件下,公共行政的基本宗旨就是维护公共利益,并通过对公共利益的维护而增强一个社会共同体的公共性内涵。应当将公平价值置于功利价值之上,而不是将功利价值凌驾于社会诸价值之首。就整个社会而言,只有把公平作为公共政策的伦理目标与首要价值,创造正义的制度基础环境,达到全社会最大程度的正义,才能消弭社会发展中出现的失衡和分化,人与人之间的信任才能得以建立。公共政策既要解决经济社会发展的现实问题,也要通过政策导向引导人们形成积极向上的道德理想,形成正确的社会伦理价值观,避免因公共政策错误导向而引起人们唯利是图的极端行为和不择手段逐利的社会心理。

附记　社会形态重构背景下的企业家诚信

　　企业家诚信是原因还是结果？有太多的故事和格言可以让我们相信诚信可以带来回报，依此思考，企业家诚信可以归为原因的序列。然而，在一定社会背景下，企业家诚信与企业绩效并无直接的因果关系，或者诚信中的某些成分与企业绩效之间难以建立直接的因果关系。相比于资金、技术、土地等资源要素在投入产出关系中的重要意义，诚信对企业家们的吸引力有多大是难以确定的。现实表现也足以证明，企业家们是在舆论、法律、对抗等压力之下才显示出对诚信的尊重。

　　从结果的角度更能理解企业家诚信，生成结果的力量来自企业行为产生的社会背景。"诚"在先，"信"在后，"诚"依附于对世界真实本质的理解，"信"依附于对行为标准的把握。人们对世界真实本质与行为标准的认识在不同社会形态是有根本差异的。也就是说对企业家诚信的思考要坚持如下假设：对于什么东西是真的，人们持有不同的信念；没有办法超越我们的信念来检查哪些信念是客观上正确的。①

　　相比于诚信的意义，失信带来的后果更让人畏惧，所以，任何一种社会形态都会将诚信作为基本的道德原则。市民社会如此，宗法社会也是如此。商业在两种社会形态下的角色是不同的，诚信行为的发生机理自然也就有根本上的差异，但任何一种社会都有实现商业诚信的可能。

　　市民社会具有四个基本特征：经济和权力多元化、个人独立、以契约为基础的社会关系、社会管理高度自治。这种社会结构特征很自然的为人们采用市场的手段去解决问题创造了条件，对于交易在更大范围及更深层次发展的需求进而催生现代商业诚信。在市民社会，市场经济关系是社会运行的基础，基于市场交易而生成的诚信观念不仅仅

---

　　① 伯纳德·威廉斯.真理与真诚.上海：上海译文出版社，2013 年，第 7 页。

在商业领域发挥作用,而且直接体现在人与人之间的关系,呈现出"商道即人道"的特点。

宗法社会的商业诚信具有相反的特征,在宗法社会,商人们的守信源自道德追求,隐藏其后的是对人世之外的力量——"天道"的敬畏,可以说是"人道即商道"。当然,在道德引导之外,法律也扮演着重要角色。唐代规定的法律,多为后世所沿用,在商事方面的律令也是最为祥整,以下是唐代商事法律的摘录。[①]

校斛斗秤度:诸校斛斗秤度不平,杖七十,监校者不觉,减一等,知情与同罪。

器用绢布行滥:诸造器用之物及绢布之属,有行滥短狭而卖者,各杖六十。

市司评物价:诸市司评物价不平者,计所贵贱坐赃论,入己者以盗论,其为罪人评赃不实,致罪有出入者,以入人罪论。

私作斛斗秤度:诸私作斛斗秤度不平,而在市执用者,答五十,因有增加者,计所增减准盗论。

卖买不和较固:诸卖买不和,而较固取者,及更出入开闭,共限一价,若参市,而规自入者,杖八十,已得赃重者,计利准盗论。

买奴婢牛马立券:诸买奴婢马牛驼骡驴,已过价,不立市券,过三日,答三十,卖者减一等。立券之后,有旧病者,三日内听悔,无病欺者,市如法,违者答四十,即卖买已讫,而市司不时过券者,一日答三十,一日加一等,罪止一百。

思考商业领域失信行为的逻辑起点在于社会结构,而不是在于商业本身;但是商业在社会结构变迁中的确扮演者重要角色,如果恰逢历史机遇,以商人为代表的力量便可能成为革命者,成为新的社会结构的缔造者,从而形成新的商业诚信演化逻辑。

欧洲商业的发展大致是在 1100 年或稍后一些,彼时,从波罗的海到意大利,从英格兰往东远至波西米亚,整个欧洲都出现了地方贸易中心,例如威尼斯、佛兰德。市镇的重要性不仅仅是经济上的,它之所以成为"市镇",在于取得了政治权利。[②] 原有的封建法和习惯法并不了

---

①　王孝通.中国商业史.北京:团结出版社,2007 年,第 101 页。

②　R.R.帕尔默.现代世界史.北京:世界图书出版社,2009 年,第 29 页。

解商业问题,这对于商业发展及商人利益是严重威胁。商人们力求使自己的法律、法庭、法官和地方行政官员能够得到承认,他们希望管理他们自己的城镇,免去向附近贵族缴纳税金的义务。商人们努力通过联盟、行会、争取特许权等方式进行抗争,努力获取存在的权利和地位。抗争的结果是在领主和主教之外产生了市民阶层。市民阶层的产生对于议会制度的建立起到至关重要的作用,并最终为秩序和自由奠定了基础。所以,作为规则的商业诚信与作为社会力量的商业阶层是同步发展的。诚信营商帮助商人们获取合法资格,商人能成为一个阶层又反过来促进规则的优化。

中国自秦朝大一统以后的封建强权以及为其寻求存在合理性的传统文化具有极为强大的力量,致使商业的发展始终处于被压抑的地位,也从来没有产生所谓的商业阶层。所以,虽然从历史上看中国的商业远比欧美辉煌,但是近代以来则被远远抛在世界商业发展大潮的后面。王孝通在《中国商业史》中认为:我国随早入商业时期,而言进步,则甚迟滞,其原因有如下四点。①

物产之丰盈:我国地处温带,气候寒热适宜,黄河、扬子江流域,物产殷饶,人民无俟外求,力农足以自给,故中古以上,人民多老死不相往来,而竞争之念自绝。竞争为进步之母,无竞争则无进步,此为商业不发达之第一原因。

交通之阻梗:我国多高山峻岭,道路阻梗,古所谓中国仅中原片壤,交通既已不广,东南海岸线又复不长,故航海贸易之事业,为能振兴,此为商业不发达之第二原因。

历代之贱商:我国贱商之习,相沿已久,商业知识,殊甚幼稚,即有一二豪商富贾,亦皆市侩之徒,故有志之士,多鄙而不屑,此为商业不发达之第三原因。

资本之浅薄:我国历代营商者,多系个人之资本,鲜闻合力经营之事业,是以见小利则趋,遇小害则辍,无进取之毅力,乏冒险之精神。国家既无奖励,而反屡事挫抑之,此为商业不发达之第四原因。

第一点和第二点中的情况并非我国独有,第三点与第四点则切合我国古代商业的发展实际。虽然在近代以来中国商业是落后的,但在

---

① 王孝通. 中国商业史. 北京:团结出版社,2007 年,第 1—2 页。

传统宗法社会结构中,商人们的声誉还是为人称道的。新中国成立以后,特别是改革开放之后,原本压在商人们身上的宗法力量不存在了,原本统摄人们心性的君子之德也不再强大了,新的规制力量尚未形成,商业原本的欲望如同脱离五指山的孙猴子获得了充分张扬的机会。与此同时,整体社会结构尚未形成如同欧洲市民社会的状态,商人阶层(企业家阶层)与其他社会阶层之间相互协调的机制尚未建立。所以,商业失信的行为就有了集中涌现的可能。

回归宗法社会的治理模式同历史发展的潮流是相悖的,已然没有考虑的必要。市民社会的治理模式是否适合中国商业诚信的治理呢?在回答这个问题之前,首先需要思考的是市民社会中商业诚信面临的挑战。近些年披露出来的欧美著名企业的失信事件足以说明市民社会对商业诚信的实现模式具有严重的内在缺陷。没有类似于中国古代的对"天道"的敬畏,诚信的对象没有终极的指向,究竟是否是诚信则依赖于当事利益相关者的力量对比,如此诚信已经没有操守可言。市民社会的商业诚信实现方式在中国是否具有实现的社会结构条件则是另外一个有待求证的问题。

诚信的基点是对"真实世界"的理解。既然关于什么是"真"的问题可能有不同的回答,去往"真实世界"的路自然会有不同。将传统社会对道德的追求与市民社会的理性相结合,为君子之道找到落脚点,为利益计算找到归宿,或许是考量当下企业家诚信问题的一个思路。

参考文献

[1] 周长城.经济社会学[M].北京:中国人民大学出版社,2003：99.

[2] 阿奇 B.卡罗尔,安 K.巴克霍尔茨.企业与社会[M].北京:机械工业出版社,2004.

[3] Keith Davis and Robert L. Blomstron, Business and Its Environment(New York：McGraw-Hill,1996),174－175.

[4] 弗朗西斯·福山.信任、社会美德与创造经济繁荣[M].海口:海南出版社,1995.

[5] 赫伯特 A.西蒙.管理行为[M].北京:机械工业出版社,2009.

[6] 陈孝兵.夯实企业诚信的道德基础[J].求是,2002,(20).

[7] Williamson, O. E., The Economic Institutions of Capitalism, New York：Free Press,1985.

[8] Williamson, O. E., Transaction Cost Economics and Organization Theory, Industrial and Corporate Change, Vol. 2, Number 2 (1993).

[9] 姚益龙等.企业信用与企业成长——理论与实证研究[M].北京:经济管理出版社,2009:75－76.

[10] 谢凤华,庞松海.基于不同视角的企业家诚信研究[J].生产力研究,2007,(2).

[11] Basu, Kanshik, 2001, The Role of Norws and Law in Economics：An Essay on Political Economy, Working Paper, Deparment of Ecnomics.

[12] 尼克拉斯·卢曼.瞿铁鹏.信任[M].李强 译.上海:上海人民出版社,2005.

[13] 巴伯.信任的逻辑和局限[M].福州:福建人民出版社,1989.

[14] 吉登斯.现代性的后果[M].田禾译.南京:译林出版社,2000.

[15] Lewis，J..& Weigert，A. Trust as a Social Reality. Social Forces,1985.63:967-985.

[16] 彭泗清.信任的建立机制:关系运作与法律手段[J].新华文摘,1999,(7).

[17] J.科尔曼.社会理论的基础[M].邓方译.北京:社会科学文献出版社,1992.

[18] 林聚任等.社会信任和社会资本重建[M].济南:山东人民出版社,2007:138.

[19] Sztompka. Piotr. Trust：A Sociological Theory. Cambridge：Cambridge University Press. 1999:P. 25

[20] 罗德里克·克雷默,汤姆·R·泰勒.组织中的信任:重建信任的理论基础[M].北京:中国城市出版社,2003.

[21] 蔡翔.员工企业之间纵向信任及其影响因素研究[M].北京:经济管理出版社,2007：41-42.

[22] Mayer，R.C.，Davis,J.H.，& Schoorman，F.D.. An Integrative Model of Organizational Trust. Academy of Management Review,1995,20:709-734.

[23] Whitener，E.r.，Brodt，S.E.，Korsgaard，M.A.，& Werner，J.M.. Managers as Initiators of Trust：An Exchange Relationship Framework For Understanding Managerial Trustworthy Behacior. Academy of Management Review. 1998,23,3:513-530.

[24] Martins. A Model for Manageing Trust. International Journal of Manpower,2002,23,8:754-769.

[25] 张维迎.信息、信任与法律[M].北京:三联书店,2006,1-3.

[26] 吴启勇.现代企业家概念的内涵分析[J].社会科学家,2007,(2):168-169.

[27] 张序.企业家概念及其相关问题辨析[J].社会科学研究,2005,(1):122-127.

[28] 史瑞杰.诚信导论[M].北京:经济科学出版社,2009:51-56.

[29] 多娜·肯尼迪-格兰斯.企业诚信管理工具与案例[M].北京:中国时代经济出版社,2007:1-3.

[30] 夏春.组织管理诚信的结构验证模型构建研究[J].苏州大学硕士学位论文,2005:2－5.

[31] 张景华.公司治理结构中的控制权配置:基于不完全契约理论的视角[J].经济论坛,2009,(6):4－5.

[32] 虞慧晖,贾婕.企业的不完全契约理论述评[J].浙江社会科学,2002,(6):185－186.

[33] 梅因.沈景一译.古代法[M].北京:商务印书馆,1984:96－97.

[34] 郭华伟.诚信发生的社会心理机制研究[J].首都师范大学硕士学位论文,2005:9－15.2009,(6):4－5.

[35] 姚益龙.企业信用与企业成长——理论与实证研究[M].北京:经济管理出版社,2009.7.

[36] 刘光明.企业信用[M].北京:经济管理出版社,2003:56.

[37] 王淑琴.信用伦理研究[M].北京:中央编译出版社,2005.7.

[38] 陈绪新.信用伦理及其道德哲学传统研究[M].北京:中国社会科学出版社,2008:140.

[39] 吉登斯.现代性的后果,田禾中译,译林出版社,2000:15－25.

[40] 张维迎.博弈论与信息经济学[M].上海:三联书店出版社,2002.

[41] 蒲小雷,韩家平.企业诚信管理典范[M].北京:中国对外经济贸易出版社,2001.

[42] 郤振廷,韩建民.论企业诚信要素的空间构成模式[J].河北经贸大学学报,2006(07):29.

[43] 罗霞,陈维政.组织人格视角的企业诚信研究[J].西南民族大学学报(人文社科版),2009(10):106－107.

[44] 李宁琪,周津.企业家诚信评价指标体系构成要素的实证研究[J].重庆工商大学学报(社会科学版),2009(02):58.

[45] Boisot Max & John Child. The Iron Law of Fields: Busean-Cratic Filure and the Problem of Governance in the Chinese Economic Reforms. Administrative Science Quarterly, Vol. 33, No. 4,1998:507－527.

[46] Martins. A model for Managing Trust. International Journal of Manpower,2002,23,8:754－789.

[47] 郑伯曛.企业组织中上下属的信任关系[J].社会学研究,1999

(02):45—53.

[48] 张维迎. 信息、信任与法律[M]. 北京:三联书店,2003:31.

[49] 杨洁. 民营企业家行为研究[D]. 四川大学,2006:68—71.

[50] Rajan, R. G., and Luigi Zingales, 1998a, Power in a theory of firm, Quarterly Journal of Economics, Vol. 2:387—432.

[51] Rajan, R. G., and Luigi Zingales, 1998b, The firm as a dedicated hierarchy: A theory of the origin and growth of firm, University of Chicago working paper, http://gsblgs. uchicago. edu.

[52] 亚当·斯密. 道德情操论[M]. 王秀丽等译,上海三联书店,2008:79—87.

[53] Whitener, E. M., Brodt, S. E, Korsgard, M. A., & Werner, J. M.. Managers as initiators of Trust: An Exchange Relationship Framework for Understanding Maagerial Trustworthy Behavior. Academy of Management Review,1998,23,3:513—530.

[54] 谢凤华,宝贡敏. 企业诚信的差异性研究[J]. 软科学,2004,(5):89—92.

[55] 潘东旭,周德群. 现代企业诚信:理论与实证研究[M]. 北京:经济管理出版社,2006:159—161.

[56] Kinney and Mc Daniel, Characteristics of Firms Correcting Previously Reported Quarterly Earnings, Journal of Accounting and Economics, February,1989.

[57] Pankaj Saksena, 2001, The relation between environmental factors and management fraud: A empirical analysis, International Journal of Commerce & Management, Indiana.

[58] Mark S. Beasley. An Empirical Analysis of the relation Between the Board of Director Composition and Financial Statement Fraud, The Accounting Review Vol. 71 No. 4,1996,443—465.

[59] 程炼. 伦理学导论[M]. 北京:北京大学出版社,2008:149.

[60] 高国希. 道德哲学[M]. 上海:复旦大学出版社,2005:11.

[61] world Economic Forum(WEF). The Global Competitiveness Report,1996.

[62] International Institute for Management (IMD). The World

Competitiveness Yearbook,1996.

[63] 宁亚春.企业权力约束机制及其演化路径[J].求索,2009(9):59.

[64] 马本江.经济学中信任、信用与信誉的概念界定与区分初探——兼论信用问题与信任问题的一致性[J].生产力研究,2008(12):14.

[65] L.克罗克,J.阿尔吉纳.经典和现代测验理论导论[M].上海:华东师范大学出版社,2004:74—75.

[66] 中国企业家调查系统.中国企业家调查系统 2003 年专题调查——企业经营者认同的企业家优秀特征[C].http://www.ceoinchina.com/Item/869.aspx.

[67] 李宁其,周津.企业家诚信评价指标体系构成要素的实证研究[J].科学与管理,2008,(06):36—39.

[68] 郭妍.个人主义/集体主义的测量与评价[J].郑州轻工业学院学报(社会科学版),2009,(02):110.

[69] 韩雪松,产品竞争力的综合评价[J].技术经济与管理研究,1998,(4):30—31.

[70] 莫尔斯·斯蒂芬,成功的产品管理[M].陈敦贤译上海上海远东出版社 1998.

[71] 邵妍,阮平南,产品竞争力分析及营销预警[J].北京工业大学学报 2000,S1:102—106.

[72] 缪荣,沈志渔.公司声誉测量新理论[J].企业管理,2008,(10):88—89.

[73] 马庆国.管理统计[M].北京:科学出版社,2002:320.

[74] Lyn. C. T. A survey of credit and behavioral scoring: forecasting financial risk of lending to consumers. International Journal of Forecasting. 2000,16:149—172.

[75] 管晓永.中小企业信用评价因素研究[D].浙江大学博士学位论文,2004:116.

[76] 李伟.企业家信用对企业组织信用的影响机制研究[J].南开管理评论,2002,(6):19—22.

[77] 范柏乃,朱文斌.中小企业信用评价指标的理论遴选与实证分析[J].科研管理,2003,(6):83—88.

[78] 王玉娥等. 工业企业信用评价方法研究[J]. 河北工业大学学报, 2004,(1):89—92.

[79] 张红波. 略论企业信用状况评价指标构建[J]. 湘潭大学学报(社会科学版),2004,(3):52—55.

[80] 戴大双,雷晓敏,朱家顺. 中小企业信用评价中企业家信用评价缺失研究[J]. 大连理工大学学报(社会科学版),2007,(12):7—10.

[81] 雷晓敏. 中小企业家信用评价研究[D]. 大连理工大学学位论文, 2007:41.

[82] 李宁琪,周津. 企业家诚信评价指标体系构成要素的实证研究[J]. 重庆工商大学学报(社会科学版),2009,(2):58.

[83] 叔本华. 伦理学的两个基本问题[M]. 商务印书馆,1996:87.

[84] 陈燕,李晏墅,李勇. 声誉机制与金融信用缺失治理[J]. 中国工业经济,2005,(8):73.

[85] 黄蔓慧,李礼,谢康. 信号理论研究综述[J]. 广东商学院院报, 2006,(5):35.

[86] Kinney and McDaniel. Characteristics of Firms Correcting Previously Reported Quarterly Earnings[J]. Journal of Accounting and Economics,1989.

[87] Vitell, Scott J.; Davis, D. L. The Relationship Between Ethics and Job Satisfaction: An Empirical Investigation. Journal of Business Ethics, Jun90, Vol. 9 Issue 6,p489—494.

[88] Messod D. Beneish, Incentives and Penalties Related to Earnings Over statements That Violate GAAP[J]. The Accounting Review,1999.

[89] John Harry Evans, R. Lynn Hannan, Ranjani Krishnanand Donald V. Moser. Honesty in Managerial Reporting[J]. The Accounting Review,2001,10(76):537—559.

[90] Bass, Steidlmeier. Ethics, Character and Authentic Transformational Leadership Behavior[J]. Leadership Quarterly,1999.

[91] Harvey, Martinko, Gardner. Promoting Authentic Behavior in Organizations: An Attributional[7] Perspective[J]. Journal of Leadership and Organizational Studies,2006,12(3):1—10.

[92] Paine. Cases in Leadership Ethics Aril Organizational Integrity [J]. A Strategic Perspectives,1997.

[93] 管小永. 中西信用评价技术发展的逻辑及其比较研究[J]. 科研管理,2009,(7):65—70.

[94] Fitzpatrick T. An examination of exposure cont roland content balancing rest rictions on item selection inCATs using the partial credit model[J]. Journal of Applied Measurement,2003,(8):24—42.

[95] Smith R. A Transactions cost approach to the theory offinancial intermediation[J]. Journal of Finance,1976,(9):68—89.

[96] Winakor T. A study of utility financial structures: capital investment s and sources of capital[J]. Journal of Land& Public Utility Economics,1928 ,(7):393.

[97] Merwin I. Personality factors , money attitudes , financial knowledge, and creditcard debt in college sdtudents[J]. Journal of Applied Social Psychology ,1936 ,(6):1395—1413.

[98] Beaver T. Financial ratios as predictors of failure[J]. Journal of Accounting Research,1966,(9):71.

[99] Atman A. Credit risk measurement : development s over the last twenty years[J]. Journal of Banking and Finance,1997,(11):87—96.

[100] Pifer H. Prediction of bank failures[J]. Journal of Finance,1970,(25):853—868.

[101] Charnesetal K. Measuring eco efficiency of production with data envelopment analysis[J]. Journal of Industrial Ecology,MIT Press,2005,15 (6):167—186.

[102] Hasen R S. On the nature of credit demand and credit rationing in competitive credit markets[J]. Journal of Banking and Finance,1983,(12):333—345.

[103] Gupteal S. Choosing between logistic regression and discriminate analysis[J]. Amer Statist Assoc,1978,(73):699—705.

[104] 丁栋虹. 论企业家信用[J]. 浙江社会科学,1999,(5):46—48.

[105] 刘艺荣,李时华.企业家诚信:中小企业融资困境的求解[J].企业改革与管理,2006,(4):16—17.

[106] 张维迎.企业的企业家—契约理论[M].上海:上海人民出版社,2003.

[107] 施桂荣,浦光博,陶向京,时巨涛.领导的诚实性行为对员工工作积极性的影响过程——中国企业组织内的究[J].管理世界,2002.

[108] 吉云.民营企业家诚信水平的影响因素研究——基于经理人感知角度的分析[J].云南社会科学,2008.

[109] 汪先平.建立企业家诚信长效机制的必要性分析[J].现代商业,2007,(2):144—145.

[110] 刘庆宏,刘列励.企业信用评价发展及应用研究[J].信息技术,2009,(5):214—217.

[111] Odom MD,Sharda R.A.Neural Network Model for Bankrupcy [C].Proceddings of the IEEE International Joint Conference on Neural Networks,1990,2:163—168.

[112] Coats P,Pant L.Reorganizing Financial Distress Patterns Using a Neural Network Tool[J].Financial Management,1993:142—155.

[113] Tam K,Kiang M.Managerial Applications of the Neural Networks:the Case of Bank Failure Predictions[J].Managements Science,1992,38:416—430.

[114] 王春峰,万海晖,张维.基于神经网络技术的商业银行信用风险评估[J].系统工程理论与实践,1998,(9):24—32.

[115] 吴德胜,梁木梁.基于 V-fold Cross-validation 和 Elman 神经网络的信用评价研究[J].系统工程理论与实践,2004,(4):24—32.

[116] 金惠红.基于 BP 神经网络的旅游服务诚信的评价模型[J].统计与决策,2010,(13):66—68.

[117] 林钧跃.社会信用体系原理[M].北京:中国方正出版社,2003:4.

[118] 李晓明,王新超,傅小兰.企业中的道德决策[J].心理科学与进

展,2007,(4):665－673.

[119] 梅胜军.伦理决策研究进展与展望[J].人类工效学,2009,(9):65－67.

[120] 罗会德,王滨.关于社会诚信体系建设的思考[J].现代管理科学,2008,(5):81－83.

[121] 张小路.现代社会诚信体系及其建设[J].河北学刊,2005,(5):102－106.

[122] 刘晓光.浅议社会诚信体系构建中政府的作用[J].湖北省社会主义学院学报,2008,(6):72－74.

[123] 颜小冬,杜菊辉.社会诚信体系框架的构建[J].湖南人文科技学院学报,2008,(6):41－44.

[124] 赵雪霞.西方道德教育模式的比较:正义与关怀[D].东北师范大学学位论文,2008.

[125] 冯建军.论道德与道德教育范型的嬗变[J].华东师范大学学报(教育科学版),2005,(6):1－9.

[126] 鲁洁.当代德育基本伦理探讨[M].南京:江苏教育出版社,2003:81.

[127] 戚万学,杜时忠.现代德育论[M].济南:山东教育出版社,1997:8－9.

[128] 马克思恩格斯全集(第2卷)[M].北京:人民出版社,1957:167.

[129] 庄永敏.道德主体性培养途径的探索[J].江苏大学学报(高教研究版),2006,7:26.

[130] 胡塞尔.欧洲科学危机和超验现象学[M].上海:上海译文出版社,1988:81.

[131] 郭金忠.国外社会信用制度研究述评[J].现代管理科学,2010,(1):51.

[132] 夏少敏,戴洪珊.欧盟消费信用法的修改[J].法制与社会,2010,(5):247.

[133] 鲁洁.当代德育基本理论探讨[M].南京:江苏教育出版社,2003:81.

[134] 夏少敏,陈真亮.消费信用法研究的回顾、反思与展望[J].时代法学,2009,(8):37.

[135] 綦好东,黄跃群.我国非上市国有企业信息公开披露:现状分析与制度设计[J].管理世界,2009,(2):174−175.

[136] 李艳.社会责任审计发展现状及方法研究[J].财会月刊,2010,(8):69.

[137] 赵艳.西方社会信用体系模式及其启示[J].中国改革,2008,(4):72−73.

[138] 景永平,李静岩.政府驱动型信用服务模式的发展困境及对策[J].商场现代化,2006,(8):360.

[139] 刘晓光.浅议社会诚信体系构建中政府的作用[J].湖北省社会主义学院学报,2008,(6):72−73.

[140] Wu Qiyuan. Public Policy, Hong Kong：The Commercial Press(H. K.)Ltd. ,1989:4−5.

[141] 周明侠,谢峻峰.当代中国公共政策伦理研究述评[J].道德与文明,2007,(5):107.

[142] 谢金林,赵玉华.公共政策伦理标准的哲学论争[J].中南大学学报(社会科学版),2006,(8):521−523.

[143] 万斌,顾金喜.功利主义与公共政策伦理:如何从冲突走向和谐[J].浙江大学学报(人文社会科学版),2009,(3):12−19.

[144] R. R. 帕尔默.现代世界史.北京:世界图书出版社,2009.

[145] 王孝通.中国商业史[M].北京:团结出版社,2007.

索　引